JN117017

新版

公務員試験

三日で合格！
誰も書けなかった

㊙裏ワザ大全

国家総合職・一般職
地方上級・中級用

津田秀樹

エクシア出版

公務員試験の問題には、
裏ワザで解けるものがあります。

この本はその裏ワザを
紹介するものです。

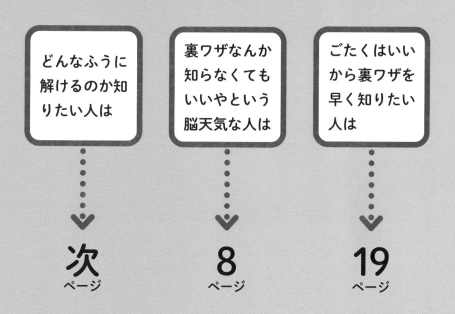

どんなふうに解けるのか知りたい人は	裏ワザなんか知らなくてもいいやという脳天気な人は	ごたくはいいから裏ワザを早く知りたい人は
↓	↓	↓
次 ページ	**8** ページ	**19** ページ

この本ではすべて本物の
公務員試験問題を使用しています。

＊国家総合職、国家一般職（大卒程度）、旧・国家Ⅰ種、Ⅱ種、地方上級、中級、東京都Ⅰ類、特別区Ⅰ類、国税専門官、労働基準監督官、裁判所事務官、法務教官、警察官、消防官などの問題を同時にあつかいます。
　また、基礎能力試験、教養試験の問題も、専門試験の問題も同時にあつかいます。
　学力的難易度や出題範囲に差があっても、裏ワザで解く場合には、関係ありません。同じように通用します。

そこで問われていることの知識がまったくなくても、

読解ができなくても、時間が足りなくなっても、

あきらめてはいけない。まだ裏ワザがある！

裏ワザでどんなふうに解けるのか、どれくらい素早く解けるのか、

論より証拠！

たとえば この問題

過去問

【No. 1】次の文の内容と合致するものとして最も妥当なのはどれか。

（本文省略）

1 　共生の進化史は、「弱肉強食」の世界において弱者が強者にとって有利な環境から独立する進化史であり、共生は強者に対抗するための生物の知恵である。

② 　生物の進化史は、看過されがちであるが、厳しい環境変化に適応しようとする様々な共生の進化史でもあり、現生する地衣類のサルオガセは共生の一例である。

3 　個々の生物は、古い体制の生物が絶滅するような過酷な環境でも繁栄することを想定して、群体、多細胞生物、細胞分業といった共生体制を編み出し、選び取ってきた。

4 　共生関係を築いた生物群の中では、絶対共生関係を築いた地衣類のように、より強固な共生関係を進化させた生物群ほど繁栄している。

✕5 　地衣類のサルオガセが過酷な環境でも生存できるのは、栄養を除く多くの点で樹木との共生関係を築くなど、共生関係を築く対象を拡大・強化したからである。

（2020年度　国家総合職　基礎能力）

それでは試しに、最新の過去問をひとつ解いてみよう！

本文がないと、選びようが……。

選択肢を比べる

選択肢だけでも、正解はあきらかだよ！

選択肢を表面的にさらっと読んで（深く読解する必要はない）、

４つの選択肢に出てきて、１つの選択肢だけに出てこない話題がないか、

チェックしてみよう！

❶ あっ、１〜４に「生物」という言葉が出てくるのに、
5だけ「生物」が出てきません！

5だけ、他の選択肢に出てくる話題が欠けているね。

普通に本文と選択肢を比べているだけだと、こういうことに気づけない。

こういうときは、〝話題〟という裏ワザで5は✕なんだ。

✕肢と比べる

「✕肢が正解を教えてくれる」が裏ワザの基本。

✕とわかった5と、強い共通性を持つ選択肢が、

残りの４つの選択肢の中にないか、さがしてみよう！

5に「地衣類のサルオガセ」という言葉があって、
2にも「地衣類のサルオガセ」という同じ言葉があります。

そう！ 2は、✕肢の5と強い共通性があるね。

❷ こういう場合、2が正解なんだよ。

これは〝絡み合い〟という裏ワザのルール（裏ワザの詳しい説明は174ページで）。

〝絡み合い〟で解いて間違えることはないんだ！

本当にいつもこんなふうに解けるんですか？
間違えたりしませんか？

もちろんだよ！

公務員試験は、公的な試験なので、一定の法則で、きちんと作られている。

だから、一定の法則で確実に解くことができるんだよ。

選択肢選びのテクニックは択一式では欠かせないものだから、正攻法で解きたい人でも、補助として絶対に知っておいたほうがいい。

たとえば、正攻法で２つに絞った選択肢の片方を、裏ワザですぐに消去できることが、とても多いんだ。

また、知っておけば、本番の試験で、答えがわからなかったり、時間が足りなくなったときに、あわてずにすむ。

ここでは２つの裏ワザで、文章理解の問題を解いたけど、

裏ワザはもっとたくさんあるし、文章理解以外の問題にも使える。

大いに活用してもらいたい！

C O N T E N T S ···

装　幀　　岩橋直人
本文DTP　横田良子
イラスト　しりあがり寿　小良茶かなた
図　版　　SHUKOH

裏ワザで、

とれないはずの

点までとれる！

出題範囲をすべて勉強しつくすことはできないから、裏ワザ！

公務員試験の出題範囲はじつに広い。

基礎能力・教養だけでも、政治、経済、倫理、社会、日本史、世界史、地理、文学・芸術、国語、数学、物理、化学、生物、地学、文章理解（現代文、古文、英文）、数的推理、判断推理、資料解釈……。

やらなければならないことのあまりの多さに、
ボウゼンとしてしまっている人も少なくないだろう。

どう考えても、これだけのものをすべて勉強することは不可能だ。
どうしてもやり残しが出る。

つまり、本番の試験のとき、

知識不足で解けない問題が必ずあるということだ。

それらの問題はどうするのか？

「やるだけやったのだから仕方ない」とあきらめるのか？

それはあまりにも、もったいない！

仕方ないどころか、**仕方大ありなのである。**

知識がなくても、まともに解いたのでは解けない問題でも、

裏ワザで簡単に正解することができるのだ！

裏ワザなしでは、当たって砕けてしまう!

「裏ワザなんか使わない」といった生真面目な人は、もはやいないと思うが、そもそも択一式というのは、真っ正面からただ真っ正直に向かっていったのでは、実力以下の点しかとれないものなのだ。

　というのも、択一式では、選択肢の中にモロに正解がある。

　そのままではかなり正解しやすい問題になってしまう。

　たとえば、『天才バカボン』の中に出てくるバカ田大学の問題に次のようなのがある。

さて、日本でいちばん高い山は?

① 富士山

② カップヌードル

③ 浅田飴

　これでは、日本でいちばん高い山が富士山だと知らなくても正解できてしまう。

　もちろんこれは極端な例だが、基本的には同じことで、択一式では、正解隠しをしないと、実際にこういうことになってしまう。

　そこで、正解隠しのためのさまざまなテクニックが駆使されているのである。

　どうやって隠すかというと、ニセの選択肢を工夫するのである。

　ニセの選択肢は、たんなる無邪気なデタラメではない。

よく知られているのは、「正解とまぎらわしいものを並べる」ということだが、もちろん、それだけではない。

　出題者側では、正確で完全な知識をもっている受験者だけが正解できるように、中途半端な知識でなんとなく雰囲気で選ぶと間違うように、なかなか工夫をこらしている。

　その結果、正確で完全な知識をもっている受験者まで誤答をつかまされかねないものになってしまっているのだ。

　よくできたニセの選択肢は、名人の呼び込みみたいなもので、こっちにするんだと決めていても、つい「あっちかな」と心が動いてしまう。

　耳もとでの悪魔のささやきというか、誘導尋問というか。**筆記試験なら正解できても、択一式では間違えるということがあるのだ。**

　実力のある人が、試験で思いがけない低い得点をとってしまうことがあるのは、そのせいだ。

正解隠しのテクニックを逆用したものが、裏ワザ!

じつは、裏ワザが存在するのは、そういう正解隠しのテクニックが問題に使われているからである。

正解隠しのテクニックを逆用したものが、裏ワザなのだ。

だから、これは正当防衛。

ただ、逆用すると、面白いことに、知識がなくても正解がわかってしまう。

実力どおりの点がとれるようになるのではなく、実力に関係なく、それ以上の点がとれるようになるのである。

だから、じつは過剰防衛なのだが、これはなんとも気持ちのいいことである。

大学生のとき、「司法試験の問題も裏ワザで解ける」と言ったら、それを信じない友人と、過去問を10問連続で正解できるかどうか、1万円の賭けになったことがある。

もちろん、1万円は私のもの。

友人は信じられないという顔をしていた。

もちろん、マトモに解いていたら、私には手も足も出ない。

それなのに簡単に正解できてしまうのが、裏ワザの面白いところ。

しかし、それは不思議でもなんでもなく、知識とか学力とかとはまったく別の視点から問題を解いているだけなのだ。

出題者の正解隠しのテクニックについて知っておくと、相手の使っているいかさまトランプの目印のキズを知っているようなもので、楽勝なのである。

別の角度から攻めれば、守りが手薄で、簡単に正解できる!

　ビル・ゲイツやジョブズも愛読していた、兵法書『孫子』に、「兵とは詭道なり。……其の無備を攻め、其の不意に出ず」とある。**「戦いでは敵の意表をつけ、敵が備えていないところを攻めろ」**という意味だ。

　出題者は正攻法で解く受験者に備えて選択肢を作っている。だから、正攻法で解こうとすれば手強い。

　しかし、それを逆用して裏ワザでくるとは思っていない。

　思っていたとしても、正攻法でくる人たちを無視してそっちに備えるわけにはいかないから、裏ワザ対策はどうしても手薄になる。

　意表をついて手薄なところを攻めるわけで、難しい問題も、裏ワザを使うとじつに簡単に解ける。

　むしろ、**普通に解くと難しい問題ほど、裏ワザでは逆にそれだけ簡単に解ける。**ここがまた気持ちいいところだ!

正解の隠し方を知っていれば、見つけ出すのは簡単だ!

では、具体的に、どんなふうに正解は隠してあって、どんなふうにそれを見つけ出すことができるのか、簡単な例で説明しよう。

たとえば、答えが「カツ丼」だったとする。

「カツである」「卵でとじてある」「丼ものである」

の３つともわかっていないと、正解させたくないとする。

その場合、ニセの選択肢には、次のものを並べることに。

「カツではない」「卵でとじてない」「丼ものでない」

そして、その✖要素以外は正解と同じにする。

そうすれば、そのちがいを見分けられる者にしか正解できないからである。

で、たとえば、次のようなニセの選択肢が作られる。

> **玉子丼**（カツではないニセの選択肢）
>
> **ソースカツ丼**（卵でとじてないニセの選択肢）
>
> **カツ煮定食**（丼ものでないニセの選択肢）

正解と合わせて、これで４つだから、もう１つ選択肢が作れる。

カツ丼同様、卵でとじてあってポピュラーな丼ものに、**親子丼**がある。

これを並べれば、正解ともまぎらわしいし、なおかつニセの選択肢の「玉子丼」と近いので、この２つのニセの選択肢の魅力を増すことができる（似たものを２つならべることで、この２つのどちらかが正解ではないかと受験者に思わせる力が増す）。

というわけで、最終的に、次のような選択肢になる。

> **1**　親子丼
> **2**　玉子丼
> **3**　カツ丼
> **4**　ソースカツ丼
> **5**　カツ煮定食

さて、このように苦心の末、選択肢が作られるわけだが、

今度は解く側からこの選択肢を見ると、どういうことになるか？

本文もわからないし、何が問われているのかもわからないが、

この選択肢を見るだけで、じつは正解がわかってしまう。

後で紹介する裏ワザの1つだが、〝**グループ分け**〟というのが

ある。選択肢間の共通性に目をつけて、グループに分けるのだ。

すると、まず**1〜4**が丼もので、**5**だけがちがうのに気づくだろう。

さらに**カツ関連**が**3、4、5**と3つある。

1、2は卵が共通性だが、それなら**3、5**もだ。

まとめると、次のようになる。

```
●  ✓  ●    1  親子丼
●  ✓  ●    2  玉子丼
●  ●  ●    3  カツ丼
✓  ●  ●    4  ソースカツ丼
●  ●  ✓    5  カツ煮定食
↑  ↑  ↑
卵 カ 丼
   ツ
```

すべての選択肢と、それぞれ異なる共通性をもつのは、**3**である。

これでもう**3**を正解と判断して間違いない。

異なる共通性をより多くの選択肢と共有する選択肢、つまり共通性が重なっている選択肢が正解というのが基本だ（これが大切）。

なぜか？　それはまだここでは理解できなくてかまわない。

わかりやすくするために、ふざけた例題を使ったが、本物の問題も、表面的にややこしくなっているだけで、基本的には同じことだ。

「わからない問題はわからない」ではつまらない!

わからない問題でも正解する。とれないはずの点までとる。

しかも、気分よく、ラクに。そうこなければ人生面白くない。

それに、この本が出た以上、裏ワザを知らない人間は、知っている人間にそれだけ差をつけられることになる。

もはや、知らずにすませるわけにはいかないだろう。

私自身この裏ワザで大学受験を切り抜けたし、私の父も全国最高齢で行政書士に合格した。

まあ、そんな実例を挙げるまでもなく、通用するかしないかは、読んでもらえればすぐにわかることだ。

本年度も、最新の過去問を使って改訂をほどこした。

安心して裏ワザを使ってもらいたい。

2020年9月　津田秀樹

裏ワザの使い方

裏ワザを
組み合わせて使う

裏ワザは、いくつか組み合わせて解くのが基本。
1つの裏ワザでは1つの選択肢しか消去できない場合もあるが、
それでかまわない。
いくつか組み合わせれば、ちゃんと正解までたどり着ける。

1つの裏ワザだけで正解がわかってしまう場合もあるが、
基本的には、組み合わせて使うと思っておいたほうがいい。

裏ワザ全体を1つのシステムとして機能させることが大切。
と言うと、なんだか難しそうだが、そんなことはない。
誰でも自然とそういうふうに使えるようになる。

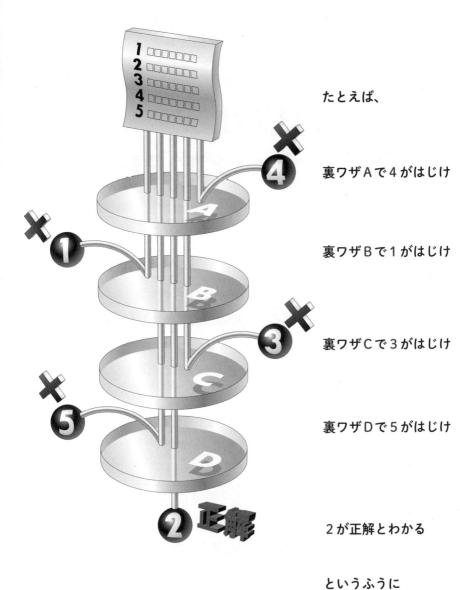

たとえば、

裏ワザ A で 4 がはじけ

裏ワザ B で 1 がはじけ

裏ワザ C で 3 がはじけ

裏ワザ D で 5 がはじけ

2 が正解とわかる

というふうに
解けるわけだ。

✖肢がわかる裏ワザ
ーこれが✖肢の目印!ー

この章で紹介する裏ワザは…

問いを解くのに、
まず選択肢を見ていくだろう。
その時点ですでに✖とわかる選択肢がある。
じつにありがたいことに、
出題者側のほうで、
✖肢には✖肢の目印をつけてくれているのだ。
では、どういう選択肢が✖なのか?
ここではそれを見分ける裏ワザを紹介する。

常識的解答

常識で考えて、あるいは身の回りをふりかえってみて間違っている
内容の選択肢は、最初から正解の可能性がない。✖である。

まずは1問！

過去問

> 次の文の内容と合致するものとして最も妥当なのはどれか。
>
> （本文省略　英文）
>
> ✖**1**　話し手と聞き手とが理解し合うためには、少なくとも同じ種類の言語を使用する必要がある。
>
> ◯**2**　人間は社会的動物であり、繁栄するために同じ種の仲間とのつながりを必要としている。
>
> ✖**3**　聞き違いや聞いた内容を忘れることがなければ、コミュニケーションは完全に成立し得る。
>
> ✖**4**　異なる言語間の共通性は、勤勉な学習によってこそ理解できるようになるものである。
>
> ✖**5**　人間にとってコミュニケーションは、水や食料よりも生きるために重要なものである。
>
> （国税・労基・法務教官 教養）

裏ワザのキモ！

公務員試験の本文に、常識的に間違ったことを言っている文章が採用されることはない。つまり、常識的に間違ったことを言っている選択肢は、本文を確認するまでもなく、本文と合致しない。

　　まず**5**を見てもらいたい。これがいちばんヒドイ。コミュニケーションがいくら重要でも、**「水や食料よりも生きるために重要なもの」**のはずはない。常識で考えてわかるはずだ。**読んだとたん削除してしまおう。**

　　1　言葉の通じない相手とも理解し合えることはある。たとえば身振り手振りでもコミュニケーションはとれる。もし電話などのことを言っているのなら、逆に当たり前すぎる。そんなことをわざわざ主張しているような、くだらない文章が出題されるはずもない。

　　3　聞き違いや聞き忘れがなくても、意思の疎通がうまくいかないことはあるものだ。**「完全に成立し得る」**というのは、後で紹介する〝**極端**〟で**✗**の選択肢でもある（→44ページ）。

　　4　異なる言語を理解するのが難しいのは、まさに異なっているからで、**「共通性」**なら**「勤勉な学習」**までしなくてもわかるだろう。

　　というわけで、正解は残った**2**しかありえない。これは英文の内容読解問題だが、英文を読む手間はまったくいらないわけである。

こんなふうに簡単に解けるのは、選択肢だけを、本文に関係なく冷静に見るからだ。

本文を読解しながら選択肢を見れば、どの選択肢も立派に受験者を迷わせるだけの力をもっている。

なお、〝**常識的解答**〟で**✗**とわかる選択肢は、１問につき１つか２つくらいが普通。他の裏ワザと組み合わせて使おう。

さらに過去問を解いていこう！

> **過去問**
>
> 次の文章の要旨として最も妥当なものはどれか。
>
> （本文省略）
>
> **✗２** スポーツの中で球技に特徴的なことは、プレーの中に感情を持ち込まずに純粋に技術的に楽しむことができる点である。 （警察Ⅰ 教養）

野球やサッカーに感情が持ち込まれないだろうか？

思いっきり感情が持ち込まれているし、乱闘すらある。**常識で考えておかしければ、本文も決してそんなことは言っていない。✗**だ。

過去問

次の英文を読んで、以下の問に答えなさい。

（本文省略　英文）

✖5　現在の欧米社会は、全ての国境を消し去ることで利益を享受している。

（消防Ⅰ 教養）

欧米の国境がなくなっているかどうか、常識でわかるだろう。

笑って、ありがたく✖にさせてもらおう。

過去問

次の文の内容と合致するものとして最も妥当なのはどれか。

（本文省略）

✖1　経済のグローバル化や長期化する不景気によって、よい学校への進学が一体何になるんだというムードが、子どもたちの世界に広がった。

（国家総合職 基礎能力）

「長期化する不景気」 という状況なら、生存競争がそれだけ激しくなるわけで、当然、**「よい学校への進学」** の重要性も増してくる。逆のことを言っていると、常識でわかる。

過去問

次の英文の内容と合致するものとして最も妥当なのはどれか。

（本文省略　英文）

✖1　日本人の小学生ならば、誰もがおりがみで鶴や兜を作ることができる。

（裁判所一般職　基礎能力）

おりがみのできない小学生がいくらでもいることは常識でわかるはず。

次の文章を読んで、以下の問に答えなさい。

（本文省略）

問　この文章の内容と一致するものとして、最も妥当なのはどれか。

1　近代社会とは行為の規準が多様化し、行為パターンに関する寛容度が高いため、勝手気ままに振る舞うことができる社会である。

✘2　特定の社会集団においては、行為の在庫の中から、<u>ある特定の言葉使いや服装を選択すれば、誰もがその一員として認められる。</u>

✘3　現実の世界では、何が期待されるかに関する規準が広く行き渡っているが、<u>ムラ社会においては情報が少ないため</u>、<u>規準による拘束も弱い</u>。

○4　行為の目的や手段についての選択肢自体は社会によって設定され、身分や立場や状況などにしたがって選択を迫られている。

5　特定の社会集団においては、行為者が選択肢を設定し、選択肢のいくつかを切り捨てることが求められる。

（消防Ⅰ 教養）

まず**2**。「**言葉使いや服装**」を合わせるだけで「**誰もがその一員として認められる**」なんて甘いことは、暴走族の世界でさえないだろう。✘だ。

3も、「**ムラ社会**」は、しきたりが多くて、「**規準による拘束も弱い**」どころか、むしろ強いことは、都会出身の人でも知っているだろう。

ちなみに、**1**の「**勝手気ままに振る舞うことができる社会**」というのは、次で紹介する〝**良識的解答**〟で✘だ。正解なら、「**勝手気まま**」というような良くない言い方ではなく、「**自由に**」とか「**自分の価値観に従って**」とか、もっと良い言い方がしてある（→37ページ）。

5は、この選択肢だけを読んでも、意味がよくわからない。こういう選択肢も✘だ（→100ページ）。

というわけで、裏ワザを組み合わせれば、**4**が正解とすぐにわかる。

過去問

次の文の内容と合致するものとして最も妥当なのはどれか。

（本文省略）

✖2　原子や電子は目に見えないので、原子論的方法によらなければ、例えば電燈線の故障のような問題を解決することが出来ない。

（国税・労基・法務教官 基礎能力）

「電燈線の故障」のような素人でも直せそうなことで、**「原子論的方法によらなければ」**ということはありえないだろう。常識的におかしければ、正解ではない。なかなか笑わせてくれる選択肢だ。

過去問

次の文の内容と合致するものとして最も妥当なのはどれか。

（本文省略）

✖1　我々が物の真相を知るためには、主観的妄想により物を愛さなければならない。例えば、月の薄黒い部分は兎が餅を搗いているところであると考えることで、より月を愛するようになり、月の真相に到達することができる。

✖3　我々が物の真相を知るためには、自己の想像を豊かにする必要がある。天文学や地質学といった学問の進歩は、我々人間が可能な限り客観をすて、自己が想定した法則に従って研究してきた成果である。

（国税・労基・法務教官 基礎能力）

1だが、月でうさぎがモチをついていると考えることで、月を愛するようになるのはともかく、**「月の真相に到達することができる」**は笑ってしまう。

3もスゴイ。**「天文学や地質学といった学問の進歩」**が、**「客観をすて」**て、ありうるはずがないことは、科学嫌いの人でもわかるだろう。

両方とも**✖**だ。

過去問
現代社会と政治に関する記述として正しいのは、次のうちどれか。

✘3 身分・財産などの差別なく大衆が一般に参加できるマス・デモクラシーの下では、政治参加への意欲が高まり、政治的無関心の弊害は比較的小さくなる。

(地中 専門)

現代の投票率の低さなどは、少なくとも耳にしたことくらいはあるはずだ。常識に反することを言っているこの選択肢は✘。

過去問
営業の自由とその制約に関する次の記述のうち、妥当なものはどれか。

✘1 営業は自由であり、国家的必要があってもある業種を独占できるものではないから、国民はどのような営業をもこれを選んでなしうる。

(地上 専門)

売春とか殺人請負とか違法なものはダメなのは常識でわかるはず。

過去問
次の英文の内容と合致するものとして、最も妥当なものはどれか。

(本文省略 英文)

✘5 人間を含むほとんどの哺乳類は、生まれてすぐに動き出し、母親を追うことができる。

(警察Ⅰ 教養)

まだ自分に子供がいなくても、人間の赤ちゃんが生まれてすぐに這ったりできないことは知っているだろう。

次の文章を読んで以下の問に答えなさい。

（本文省略）

問　この文章の要旨として、最も妥当なのはどれか。

✖ 1　ニュートンの運動方程式に初期条件を代入すれば、未来永劫にわたる物質の運動や、長期間の経済の動きも計算できるので、運命論的であることがニュートン力学の特徴だといわれている。

（消防Ⅰ 教養）

「**長期間の経済の動き**」が「**ニュートンの運動方程式**」で計算できたりしないことは、常識でわかるだろう。笑って✖に。

次の文の内容と合致するものとして最も妥当なのはどれか。

（本文省略　英文）

✖ 1　日本人が温泉などに入浴する習慣をもつようになったのは、近代になってからのことである。

（国税・労基・法務教官 基礎能力）

武士が刀傷を温泉で治したとか、聞いたことがあるのでは？

武士のいる時代から、もう温泉に入っているのだ。

過去問

Select the statement which best corresponds to the content of the following passage.

（本文省略　英文）

✘1　Heroes are hard to find outside Indonesia. 　　　（国Ⅱ専門・行政）

「**ヒーローはインドネシアの外では見つけにくい**」なんてことがあるわけはなく、したがって本文がそんなことを言っているはずもない。

過去問

この文章の論旨として、最も妥当なのはどれか。

（本文省略）

1　機械は文明社会を発達させるとともに、破壊するものである。

✘2　機械は自然物であり、本質的に人間と対立する存在である。

3　機械は本質的にそれ自体として巨大化、高度化をとげるものである。

4　機械は企業や国家などの権威を脅かす可能性を持つ存在である。

〇5　機械は人間の意志や活動を超え、人間と最終的に対立する存在である。

　　　　　　　　　　　　　　　　　　　　　　　　　　　（消防Ⅰ教養）

「**機械は自然物で**」ないことは、常識でわかるだろう。「**自然物**」というのは、人が作ったのではない、木や水や動物といった、自然界のもののことだ。機械が勝手に生えてきたりするわけはない。

　ここまでバカバカしい選択肢が並べられているということは、この選択肢はかなり正解に近いということだ。つまり、「（機械は）**本質的に人間と対立する存在である**」という後半が一致する、**5**が正解ということだ。

良識的解答

良識的によくないことを言っている選択肢は✘。

まずは1問！

現代国家において、直接民主制を採用することの障害となっている理由として最も適当なのは、次のうちどれか。

✘1 無知な一部の国民の投票の効果を減殺できない。

（地中 教養）

「無知な一部の国民」 というのは、たしかにいるかもしれない。

しかし、世の中には、それが事実であるかどうかにかかわらず、言ってはいけないことがある。

それが良識というものだ。

裏ワザのキモ！

良識的によくない内容の選択肢は、公務員試験という公（おおやけ）の試験において、正解になることはありえない。

さらに過去問を解いていこう！

過去問

次の古文の要旨として最も妥当なものはどれか。

（本文省略　古文）

✕1　もともと能力のある人は努力をしなくても、人の上に立つ実力はつくものである。

✕2　生まれつきの能力もないのに、上手な人たちのなかに交じって失敗し笑われたりするのは、みっともない。

○5　天分に恵まれなくても、その道のきまりを守り、気ままにふるまったりしなければ、師と仰がれることにつながるものである。

（地上 教養）

1「**もともと能力のある人は努力をしなくても、人の上に立つ実力はつくものである**」は、現実にはたしかにそうかもしれない。しかし、こういうのは良識的にはよろしくない意見である。**良識的にいいかどうかは、道徳の先生がそんなことを言うかどうかと考えてみるといい**。道徳の先生はこういうことは言わないはずだ。古文を読解するまでもなく、✕だ。

2「**生まれつきの能力もないのに、上手な人たちのなかに交じって失敗し笑われたりするのは、みっともない**」も、道徳の先生の言うことではない。道徳の先生なら、「生まれつきの能力がなくても、頑張ればなんとかなる」とか、「たとえ失敗し、笑われても、頑張る姿は素晴らしい」とか言うはずだ。つまり、この選択肢も✕。

正解の**5**は、じつに良識的にいい内容だ（もちろん良識的にいいから正解ということはない。ただ、良識的によくないものは✕）。

多数決原理に関する次の記述のうち、妥当なものはどれか。

✖2 多数決原理によれば、「頭をたたき割るよりは頭数を数えたほう がよい」とされ、各人の主張には対等の権利が与えられるものでは なく、多数の主張にこそ真理が潜んでおり、それゆえ高い価値が与 えられねばならないとされる。

✖4 多数決原理は、さまざまな利害の対立を絶対的なものとして認め つつ、討論を尽くして問題点を掘り下げ、少数派を納得させようと するものであり、ある法案についての賛否を問い、投票数を算術的 に統計して多数票によって決定するという単なる手順が問題とされ るのではない。

〇5 多数決原理によれば、討論が「与えて取る」精神で行われ、その 結果、多数意見のなかに少数意見ができる限り取り入れられて利害 関係の合成力が形成されたとき、真の多数決が行われたということ ができ、この点において、多数決原理は多数・少数決原理と呼ぶこ とが適当である。

（国Ⅰ専門・行政）

2の「**多数の主張にこそ真理が潜んでおり、それゆえ高い価値が与えられ ねばならない**」というのは良識的に問題大ありだろう。

4も、「**利害の対立を絶対的なものとして認めつつ**」というだけでも良識 的に問題ありだし、「**少数派を納得させようとするもの**」というのはもうまっ たく良識的によくない。

こういう選択肢は確実に✖だ。正解の**5**と比べてみてほしい。

過去問

次の古文の内容に合致するものはどれか。

（本文省略　古文）

✖３　身分が高く、勢いのある家に生まれた人は、努力しなくても豪華な生活を送ることができ、優れた人物になることが多い。　（地上 教養）

　いい家に生まれた人が優れた人物になるなんて、差別的で、良識的には言ってはいけないこと。

　また、〝常識的解答〟でも✖だ。

過去問

次の文の内容と合致するものとして最も妥当なのはどれか。

（本文省略）

✖１　成熟した社会では相対主義の感覚が人々に受け入れられているから、真理を探究する哲学を有用と考える人は少なくなりつつある。

（国税・労基・法務教官 基礎能力）

　こんなことを言ったら、哲学者が激怒する。

　誰かが怒ったり、気を悪くするような、良識を欠いた文章は公務員試験には出ない。

過去問

次の文の内容と合致するものとして最も妥当なのはどれか。

（本文省略）

✖２　詩の創造の手続は極めて複雑で、音楽や造形美術の創造よりもはるかに多くの困難が伴うが、これは言葉が詩という芸術をつくる唯一の素材であるということに起因している。　（国家一般職　基礎能力）

音楽や造形美術のほうが簡単なように言ったら、音楽家や美術家が怒る。

次の文の[　　　]に当てはまるものとして最も妥当なのはどれか。

（本文省略）

✖1　親である自分自身がたいした大人にもなっていないのに、子供が
「世間」をアッと言わせるような立派な人間になるはずがない。

（国家総合職 基礎能力）

　親がダメなら子供もダメみたいな、こんなヒドイ内容は、一般的には口に
されても、公務員試験で正解になることはありえない。

次の文章の主旨として、最も妥当なものはどれか。

（本文省略）

✖4　日本を含めて、島国に住んでいる民族は想像力が欠如しているた
めに、他人も自分と同じように感じるのは仕方がないことである。

（警察Ⅰ 教養）

　きちんとした批判ならともかく、**「島国に住んでいる民族は想像力が欠如
している」** なんて偏見に満ちた悪口が正解になることはない。

文部省のいじめ対策緊急会議が提出した最終報告書に関する次の記述のうち、妥当なものはどれか。

✗**1** いじめは人権にかかわる重大な問題であり、生徒が弱い者いじめをすることは許されないが、<u>いじめを傍観することはやむをえないとしている</u>。

（地上 専門）

現実的にやむをえないかどうかはともかく、良識的には**「いじめを傍観することはやむをえない」**なんて考え方には問題大ありだ。

次の英文中に述べられていることと一致するものとして、妥当なのはどれか。

（本文省略　英文）

✗**4** <u>それ自体やる価値のない仕事</u>だとしても、<u>高給が支払われるのであれば</u>、自分の幸福のためにその仕事を<u>選ぶべき</u>である。

（特別区Ⅰ 教養）

「やる価値のない仕事」を**「高給が支払われるのであれば」「選ぶべき」**なんて、親戚のおじさんとかが忠告するのならともかく、公務員試験で正解になることはありえない。

過去問

次の文章の主旨として最も妥当なものはどれか。

（本文省略）

✖**2**　味覚は人間の自然なのであるから、食道楽を非難するのは<u>質素に価値を認める不健康な人間</u>である。

（警察Ⅰ 教養）

質素倹約は良識的によいことで、**「質素に価値を認める」**のを**「不健康な人間」**と呼ぶのは、あきらかに良識に反している。

✖だ。

過去問

次の英文の内容と合致するものとして最も妥当なのはどれか。

（本文省略　英文）

✖**5**　小規模金採掘では水銀が使用されており、70か国1,400万人の労働者が水銀にさらされているが、<u>水銀を使用しない金抽出法は多くの費用と時間を要するため、水銀を使用せざるを得ない。</u>

（国家総合職　基礎能力）

費用と時間がかかるからといって、**「使用せざるを得ない」**と容認してしまうのは、良識的に問題あり。✖だ。

過去問

次の英文の中で述べられていることと一致するものとして、最も妥当なのはどれか。

（本文省略　英文）

✖ **1**　英国人は、アメリカ人よりも厭世的で、なにごとにも否定的な態度をとり、<u>いつも最悪だとため息をついている</u>。

✖ **4**　英国人は、金儲けと物質的な成功に対してはどん欲であるが、<u>それ以外については野心をもたず怠けている</u>。

（東京都Ⅰ 教養）

英国人をけなしまくっていて、笑える。

こういう内容の文章が出れば面白いが、ありえない。✖だ。

英国人がみんな「**いつも最悪だとため息をついている**」わけはなく、**1**は〝**常識的解答**〟でも✖だ。

過去問

次の文で筆者が主張していることに最もよく合致するものはどれか。

（本文省略）

✖ **2**　自然を「絶対善」とし、自然にすがるという日本人の農耕民族としての気風では<u>時代遅れ</u>だから、日本人も「刹の悟り」をもつべきである。

（国Ⅱ 教養）

選択肢全体の内容でなくても、一部の表現だけでも良識的によくないものがあれば、その選択肢は✖だ。

正解なら、「**時代遅れ**」なんて、俗で、よくない表現は使われない。✖だ。

レベル**1**

〔第1章〕✖️肢がわかる裏ワザ －これが✖️肢の目印！－

公務員試験的解答

公務員試験では決して正解にならない選択肢がある。

まずは1問！

次の文の内容と合致するものとして最も妥当なのはどれか。

（本文省略　英文）

✖️2　科学に関する知識が豊富である人ほど、平等主義的な考え方に疑問を持っており、<u>政府による規制が行き過ぎていると感じている。</u>

（国家一般職 基礎能力）

「政府による規制が行き過ぎていると感じている」というような選択肢が、公務員試験で正解になるかどうか、考えてみればわかるだろう。

　ありえない！　政府批判が、政府の試験で正解になるはずがない。

　英文なんか読解するまでもなく、確実に✖️だ

たとえば、『クイズは創造力』（情報センター出版局）という本に次のようなエピソードが載っている。

　あるクイズ番組で、「『花王株式会社』は、顔を洗う石鹸を作ったところから、『花王』と名付けた。○か×か？」という問題が出た。

　この本の著者は迷ったが、対戦相手のチャンピオンは何の迷いもなく○を選んだ。そして、答えは「○」。

　チャンピオンは笑って、「花王はこの番組のスポンサーだよ。スポンサーがらみの問題の答えを『✖』にするわけないじゃないか」

　こういう〝**別の視点**〟は、公務員試験を解くときにも大切だ。正攻法では正解がわからない場合でも、正解を限定する別の条件から、確実に正解がわかる場合があるのだ。

裏ワザのキモ！

「公務員試験で正解になるかどうか？」と考えてみるだけで、✖とわかる選択肢がある！

さらに過去問を解いていこう！

過去問

次の英文中に述べられていることと一致するものとして、最も妥当なのはどれか。

（本文省略　英文）

1　1週間何も食べていない男が、街に出て、角のパン屋でパンを奪ったが、投げ捨てて逃げてしまった。

2　ある人は、この話を聞いて、「他人の物を盗ることは窃盗罪であり、恥ずべきことであるので、法律に則り処罰されなければいけない」と思う。

3　別の人は、「確かにこの男は人の物を盗んだが、パンを食べることなしに死んでしまったので、かわいそうだ」と思うだろう。

✖4　「かわいそう」が出発点で、結論は「見て見ぬふりをする」より、出発点は「日本は法治国家である」、結論は「警察に突き出す」とする方が重要である。

〇5　論理は重要であるけれども、出発点を選ぶということはそれ以上に決定的なのである。

（特別区Ⅰ 教養）

4の「**警察に突き出す**」のような、公的機関が強権をふるうような選択肢も、正解にはならない。

次の文の内容と合致するものとして最も妥当なのはどれか。

(本文省略　英文)

1　Barnesの勤務先のコンピュータネットワークに侵入し、ファイルを消去するような攻撃を加えた者の目的は、コンピュータ内の個人情報を盗み取ることであった。

○2　Barnesの勤務先はランサムウェアによる攻撃を受けたとき、犯人の要求に応じたが、今では、Barnesたちはデータのバックアップを取っており、攻撃に対して備えができている。

✖3　犯罪者にとって、ランサムウェアを使った攻撃は、高額の費用や高いハッキングの技術を必要とするが、攻撃を高い確率で成功させることができる。

4　上級セキュリティ研究者によれば、ランサムウェアによる攻撃は、銀行や小規模事業者、個人などよりも、学校や病院、警察といった公的機関が対象になりやすいという。

5　警察はランサムウェアを取り除くソフトウェアを開発し、ランサムウェアによる事件を解決できるようになったが、多くの場合、被害者はハッカーの要求に従ってしまう。

(国家一般職 基礎能力)

　3が正解だとしたら、成功の確率の高い犯罪をわざわざ教えるようなものだ。そんなものが正解になるはずはない。当然、**✖**。

　我が国の国と地方公共団体との関係に関する次の記述のうち、妥当なのはどれか。

✖3　地方六団体は、地方自治法に基づき、地方自治に影響を及ぼす法律又は政令その他の事項に関し、内閣に意見を申し出ることができるが、この意見申出に対して内閣にはいかなる場合にも回答義務が課されていないことから、実際にこの制度を利用して意見申出が行われた例は一度もない。

✖5　地方分権の観点からは、地方公共団体の執行機関である教育委員会の事務についても自主性・自立性を尊重することが重要である。このため、例えば、いじめを苦に自殺しようとする生徒がいるにもかかわらず、対応策を取ろうとしない教育委員会があったとしても、文部科学大臣は教育委員会に対し、何ら助言を行うこともできない。

（国家一般職 専門・行政）

　3は「**実際にこの制度を利用して意見申出が行われた例は一度もない**」などという、有名無実な制度について、わざわざ正解にするはずがない。この制度について何も知らなくても、**✖**とわかる。

　5も、いじめの問題に関して、「**何ら助言を行うこともできない**」などという、無力感の漂うことを正解とするはずがない。**✖**だ。

次の文の内容と合致するものとして最も妥当なのはどれか。

（本文省略）

✘2 時宜を得ずに富や地位や名誉を追求することは<u>本人を不幸にする</u><u>こともあるが、そうすることによって社会が繁栄する。</u>

✘4 自分の心の平静に必要なものを知り、自分を平静な状態に引き戻す強さがない<u>人間は、配分される幸運を受けるに値しない。</u>

（国家一般職 基礎能力）

2は個人を不幸にして社会が繁栄するということになってしまう。

たとえそれが真実であったとしても、**公務員試験では決して正解にならない。**

4は「**配分される幸運を受けるに値しない**」人間がいるということで、これも決して公務員が口にしてはいけないことだ。確実に✘。

どちらの選択肢も、最初からまったく正解の可能性がない。

極端な表現の選択肢は✖

他の選択肢に比べて、極端な表現や、強すぎる表現の使われている選択肢は✖。

まずは1問！

過去問

次の英文の内容と合致するものとして、最も妥当なのはどれか。

（本文省略　英文）

✖4　特定領域の情報を多く知る人間は<u>皆、必ず</u>尊大で鼻持ちならない人間になる。

（警察Ⅰ 教養）

　英文は「特定領域の情報を多く知る人間は、尊大で鼻持ちならない人間になりかねない」という意味のことを言っている。

　つまり、この選択肢はほとんど正しい。それを**「皆、必ず」**と極端にすることで、完全な✖にしているのだ。

たとえば、**「普通免許があれば車を運転できる」**は正しくても、**「普通免許があればどんな車でも運転できる」**と極端にすれば誤りになる（大型車などはまた別の免許が必要だから）、ということだ。

　極端にするという手は、ほとんど正しい、魅力的なニセの選択肢を簡単に作ることができるので、よく使われる。

　このように出題者は、正しい内容を極端にすることで、ニセの選択肢を作ることがある。正解にまぎらわしい魅力的なニセの選択肢になる。でも、その手口を知っていれば、✖とわかる。

さらに過去問を解いていこう！

過去問

　法律による行政の原理に関する次の記述のうち、妥当なものはどれか。

✖**2**　法律の優位の原則とは、行政活動は法律の定めに違反して行われてはならないという原則であり、この原則はあらゆる行政活動に妥当するものとされている。したがって、法律の定めよりも厳しい内容の行政指導をすることは、すべてこの原則に反し許されないことになる。

(国Ⅱ 専門)

　もしほとんどの場合「**法律の定めよりも厳しい内容の行政指導をすることは**」「**この原則に反し許されないことになる**」のだとしても、「**すべて**」となっていると、１つでも例外があったら、この選択肢は✖になってしまう。

　こ のように、極端なことを言っていて内容のせまい選択肢は✖なのだ。なぜなら、正しい内容をせばめることで✖にした選択肢と考えられるからである。もちろん、この選択肢も✖。

過去問

　現代政治においてテレビの果たす役割は大きいといわれているが、これまでのテレビと政治とのかかわりを説明した次の記述のうち、妥当なものはどれか。

✖5　テレビは政治の公開度を高める役割を果たすので、わが国でも国会の本会議、証人喚問の模様は<u>すべて</u>実況放送されている。

(地中 専門)

　これも同じことだ。放送はされている。しかし、「**すべて**」となっているので、わずかでも放送されないと、この選択肢は誤りになる。

　こういう、例外を許さない、内容のせまい選択肢は✖だ。

過去問

　わが国における国土の開発、保全、利用に関わる総合開発行政に関する次の記述のうち、妥当なものはどれか。

✖5　今日における総合開発は、社会・経済の発展に即応して交通、通信を発展させ情報化社会を形成することを<u>究極かつ唯一の目標</u>とし、大規模開発プロジェクトを計画、実施しているが、地方自治の本旨から、都道府県の区域を超えるプロジェクトの計画、実施はほとんど行われていない。

(国Ⅱ 専門)

　「**究極かつ唯一**」とはまたハデだ。「**情報化社会を形成すること**」が目標だったとしても、「**究極かつ唯一**」でなければこの選択肢は誤りになってしまう。

　そういう内容のせまい選択肢は✖である。

日本の美術に関する次の記述のうち、正しいものはどれか。

✕4 桃山美術は宗教性・叙事性から<u>乖離</u>することによって中世的権威を<u>否定</u>し、他方で西欧の知識・技術の影響を受けてルネサンス的ヒューマニズムを表現した。学問・文学・思想の隆盛とともに、美術も装飾性や技巧性を<u>否定</u>し、より精神を重んじた表現をとった。しかし、これらを担った上層町衆の没落とともに衰退した。

（国Ⅰ 教養）

強い表現というのも**✕**の目印だ。表現が強くなると、「言いすぎ」になって、**✕**になるからだ。

ここでも「**乖離**」というのは言いすぎだ。「**否定**」も強すぎる。

強い表現には人を引きつける魅力がある。

予備校などでも、「私の授業で成績の上がる人もいるだろう」なんて先生より、「オレについてくれば誰でも合格できる！」なんて言いきる先生のほうが人気があるだろう。

だから、出題者は、なるべく正解をジミにして、ニセの選択肢に強い表現を使いがちである。

たとえば、正解が「豊満な胸」なら、ニセの選択肢には「巨乳」とか「爆乳」を使うといったぐあいだ。

だから、強い表現の魅力によろめかないようにしよう。

魅力があるということは、すなわちニセモノなのである。

行政管理の手法に関する次の記述のうち、妥当なものはどれか。

✗1 総量規制方式とは、行政官庁の新設を<u>一切</u>認めないことで、その
総量を現在の水準に固定しようとする方式である。 （地上 専門）

これがもし正解なら「原則として認めない」といった表現になっているは
ずで、「一**切**」なんて強い表現になっているときは✗だ。

地方公共団体の管理する公用物に関する次の記述のうち、妥当なもの
はどれか。

✗5 一般市民への利用制限は、<u>いかなる場合も</u>許されない。 （地上 専門）

「**いかなる場合も**」は強すぎる。

養子縁組に関する次の記述のうち、妥当なものはどれか。

✗5 未成年者を養子とするには、<u>常に</u>家庭裁判所の許可を得なければ
ならない。 （地上 専門）

基本的に正しい内容。ただし、「**常に**」ではない。極端にすることで、✗
にしてある。逆に、「**常に**」のおかげで✗と気づける。

次の英文の内容と合致するものとして最も妥当なのはどれか。

（本文省略　英文）

✕3　水銀により人々が危険にさらされるのを防ぐため、水俣条約では水銀の生産、採掘や工業における使用が<u>一切</u>禁止されることとなった。

（国家総合職　基礎能力）

これも、「**一切**」とすることで完全な✕にしてある。

次の文の内容と合致するものとして最も妥当なのはどれか。

（本文省略）

✕1　行政施策の執行は、価値の偏在的な配分執行であるから、地方行政を平等に執行することは<u>不可能であり</u>、受益者すべてに平等な行政施策は<u>全くない</u>。

（国家一般職 基礎能力）

「**不可能**」とか「**全くない**」とか極端すぎる。

そもそも、公務員試験で正解になるような内容ではない。

次の文章の下線部分のように作者が考える理由として、最も妥当なものはどれか。

（本文省略）

✕1　料理を作ることこそが、女性にとって<u>何よりも</u>大切であるからである。

（警察Ⅱ 教養）

「**何よりも**」というのは極端。常識で考えても出題されない内容だ。

過去問

次の文の趣旨として最も妥当なのはどれか。

（本文省略）

✘2 できるだけ多くの古典的大著を<u>読むことが大切</u>なのであるから、<u>読むことに楽しみを求めてはいけない</u>。

◯3 精神的に成長するためには、著者の強い個性から発する独創的な古典的名著を読むことが大切である。

✘5 たとえ取りつきにくい名著であっても、天才の思想を<u>完全に</u>理解できるまで繰り返し読む根気がなければならない。

（国Ⅰ 教養）

5の「**完全に**」は極端すぎる。この言葉がなくても文意は変わらない。〝**付加部分**〟（78ページ）でもある。

2の「**読むことに楽しみを求めてはいけない**」も、極端すぎる。「取りつきにくい本でも読むことが大切」という正しい内容を極端にすることで✘にしてあるのだ。

なお、2は古典は楽しいものではないと言っていることにもなり、〝**良識的解答**〟でも✘だ。前半の「**できるだけ多く……読むことが大切**」というふうに、質ではなく量をよしとするのも、〝**良識的解答**〟で✘だ。

とにかく、極端な表現、強い表現のある選択肢は✘と思っていい。

ただし、〝**常識的解答**〟や〝**良識的解答**〟とちがって、これは例外もある。極端な内容が正解ということもありうるからだ。たとえば、「牛から馬が生まれることはありえない」というのは正しいが、こういうときには正解に極端な表現が使われうる。

まあ、たいていは大丈夫だが、その点、ちょっと注意は必要だ。

次の文の内容と合致するものとして最も妥当なのはどれか。

（本文省略）

1　枯山水では、有機的世界を客観的に表現するために、無機物である石や砂を利用している。

2　石や砂でつくられた枯山水は、自然の中に存在している山や河の似像である。

○3　枯山水では、山河を仮の姿に置き換えることによって、ものの本質を表現している。

×4　自然の山河は姿形を変えていくものであるため、かえって自然本性を表現できない。

×5　愛宕山や賀茂川といった山河そのものより、枯山水の方がより自然の山河であるといえる。

（国税・労基・法務教官 教養）

「**枯山水**」が何なのか知らなくても、選択肢の**1〜3**を読めばわかる。

5がスゴイ。自然の「**山河そのものより**」、石や砂でつくられた「**枯山水の方がより自然の山河であるといえる**」というのだ。本物の人間よりも、人形のほうが、本物の人間だと言っているようなもので、もちろん✖。

4も似たようなことを言っていて、同じく✖。

だが、こんな選択肢が並んでいるということは、このバカげた内容にも、それなりに受験生をひきつける魅力があるということだ。つまり、正解に近いのかもしれない。そう思って他の選択肢を見てみると、**3**に「**枯山水では、山河を仮の姿に置き換えることによって、ものの本質を表現している**」とある。たしかに、彫像が人間の本質を表しているということはある。

5と**4**は、**3**の正解の内容を極端にしたニセの選択肢であったわけだ。

このように、〝**極端**〟で✖の選択肢があったときに、絞り込んだ正解候補の選択肢の中に極端でないものがあったら、それが正解だ。

限定されている選択肢は✘

内容がせまく限定されている選択肢は✘。

まずは1問！

> **過去問**
>
> 労働関係調整法における斡旋、調停、仲裁に関する次の記述のうち、妥当なものはどれか。ただし、公益事業に関する事件については考えないものとする。
>
> **✘3** 調停は、関係当事者の双方から、労働委員会に対して調停の申請がなされたときに<u>限って</u>行われる。
>
> (地上 専門)

「**限って**」と限定していなければ、正しい内容。正しい内容に、少し限定を付け足すだけで、完全な✘になる。選択肢のほとんどの部分を正しくできるので、魅力のあるいいニセの選択肢になる。

裏ワザのキモ！

　このように出題者は、内容をせまく限定することで、正しい内容を✘に変えるという手口を使う。その逆をついて、内容がせまく限定されているのを目印に、✘肢に気づかせてもらえばいいのだ。

さらに過去問を解いていこう！

過去問 統治、政治、行政に関する次の記述のうち、妥当なものはどれか。

✘5 行政は、政治が国家意思の形成作用であるのに対して、国家意思の執行作用であるとされる。現代の行政は、権力的支配の性格を内在せしめることなく、技術管理の性格<u>のみを</u>有するものであり、この点において企業経営と同質性を有する。

(国I 専門・行政)

「**のみを**」という一言が入っているために、「**技術管理の性格**」をもっていたとしても、その他の性格をちょっとでももっていたら、この選択肢の内容は誤りになる。

そういう**許容範囲のせまい選択肢は✘**だ。

過去問 憲法35条の規定する令状主義の原則に関する次の記述のうち、判例に照らして妥当なものはどれか。

✘2 憲法35条の例外として無令状で捜索・押収が認められるのは、憲法33条の現行犯逮捕の際の捜索・押収の場合<u>だけ</u>である。

(地上 専門)

「**だけ**」のあるなしで、大ちがいだ。「**だけ**」をとった場合の内容が正しくても、その他の場合もあるとしたら、「**だけ**」と限定されているために、この選択肢は完全な✘になってしまう。実際、そのせいでこの選択肢は✘なのである。

政治的シンボルに関する次の記述のうち、妥当なものはどれか。

✖1 シンボルは、紋章、国旗、制服等の物理的対象に<u>限定され</u>、言語のような非物理的対象は含まれない。したがって、シンボルの意味や価値は、その物理的形式に内在している諸特性から派生し、それによって決定される。

(国Ⅰ 専門・行政)

文字どおり「**限定され**」ている。こういうのは✖の可能性が高い。

国会の開催・会期について次の記述のうち、妥当なものはどれか。

✖3 補正予算の議決は、臨時会において<u>しか</u>することができない。

✖4 国会議員が内閣に臨時会の召集を決定するよう要求できるのは、衆議院と参議院の両方で総議員の4分の1以上の要求がある場合に<u>限る</u>。

(地上 専門)

もちろん正しくは、「**おいてしかすることができない**」ことはないのであり、「**限る**」ことはないのである。

次の英文を読んで、以下の問に答えなさい。

(本文省略 英文)

問 この文章の内容と一致するものとして、最も妥当なのはどれか。

✖3 アメリカ人の個人消費こそ、世界経済を上向かせる<u>唯一の</u>要素である。

(消防Ⅰ 教養)

「**唯一の**」と限定してある。常識的にもおかしい。✖だ。

Select the statement which best corresponds to the content of the following passage.

（本文省略　英文）

✘4　There are no other countries which are qualified as permanent members of the Security Council than the present five.　（国Ⅱ 専門）

「現在の5ヵ国以外にない」 と限定している。**✘** だ。

次の英文の内容と一致するものとして、最も妥当なものはどれか。

（本文省略　英文）

✘5　政府が後押しすべきは、アメリカンドリームを達成できるような勇気と想像力を持った人びと<u>だけ</u>だ。　（警察Ⅰ 教養）

「アメリカンドリームを達成できるような勇気と想像力を持った人びと」 を **「後押し」** するのもいいだろうが、それ **「だけ」** では困ってしまう。弱者は無視か。〝**良識的回答**〟でも **✘** だ。

行政上の損失補償に関する次の記述のうち、妥当なものはどれか。

✘5　補償は財産の供与と<u>同時</u>に履行されなければならない。　（地上 専門）

「同時」 でなければならないと限定している。

過去問

次の英文中に述べられていることと一致するものとして、妥当なのはどれか。

（本文省略　英文）

✕4　もし線路の脇で手を振ったら、長い車両が目の前に止まり、そこから乗っていくことができ、降りたいところが<u>山の中でない限り</u>降ろしてくれる。

（特別区Ⅰ 教養）

「**山の中でない限り**」という限定がなければ正しい内容。

過去問

次の文の内容と合致するものとして最も妥当なのはどれか。

（本文省略）

✕5　先天的な才能、不断の努力、チャンスや人間との出会いのあった者<u>だけ</u>が、自伝や自分史を書くことが可能となる。

（国税・労基・法務教官 基礎能力）

「**だけ**」と限定していなければ、✕とは言えない内容になる。自伝はダメな人や悲惨な人でも書くから、〝**常識**〟でも✕だ。

過去問

マックス＝ウェーバーの官僚制に関する次の記述のうち、妥当なものはどれか。

✕3　官僚制は、近代以降における国家権力の増大に伴って発達してきた行政組織に<u>特有の</u>現象である。

（地上 教養）

「**特有の**」と限定してある。

学問の自由（憲法23条）に関する次の記述のうち、判例に照らして妥当なものはどれか。

〇1 大学における学問の自由と自治は、直接には教授その他の研究者の研究、その結果の発表、研究結果の教授の自由とこれらを保障するための自治とを意味する。

✕4 一般の国民にとっての学問研究活動の自由、研究成果の発表の自由は、それぞれ思想・良心の自由、表現の自由によって保障されているから、憲法23条は学問の自由をひろくすべての国民に対して保障するのではなく、<u>とくに大学に対して</u>保障することをその趣旨とするものである。

（国Ⅰ 専門・行政）

「とくに大学に対して」と限定している。もし仮に**「とくに大学に対して」**だったとしても（そうではないが）、正解ならこういう書き方はしない。

　実際、正解を見てみると、大学の話をしているが、限定を主題とはしていない。正解の雰囲気と✕肢の雰囲気のちがいを感じておいてほしい。

もちろん、限定されていても、正しい場合もありうる。「太陽系において恒星は太陽のみである」だと、「のみ」と限定してあっても正しい。事実、「のみ」なのだから。

　そういう意味では注意が必要だ。

　しかし、一般に、限定してある選択肢はアヤシイと思っていい。

否定的な選択肢は✖

否定的な内容の選択肢は✖。

まずは1問！

過去問

　文部省のいじめ対策緊急会議が提出した最終報告書に関する次の記述のうち、妥当なものはどれか。

✖3　いじめの状況が一定の限度を超えた場合でも、いじめられる生徒を守るためにいじめる生徒を出席停止にすることは<u>必要でないとしている</u>。

✖4　教師の指導姿勢や何げない言動がいじめの背景にあることが多く、家庭の教育的役割はいじめ問題とは<u>無関係であるとしている</u>。

（地上 専門）

　3は「**必要でない**」ことについて述べている。これこれのことが必要でないというのも、大切な情報のことがあるが、たいていの場合は、必要なことのほうが重要な情報であり、問いでは重要な情報が問われる。

　つまり、こういう否定的な内容の選択肢が正解である可能性は低い。

　4も「**無関係である**」ことを指摘している。無関係の指摘もまるで内容がないとはいえないが、関係のあることの指摘に比べると重要性は低い。

　こういう否定的な部分を含む選択肢は正解の可能性が低い。

「〜ではない」とか「〜はいらない」とか「〜し
なかった」とか、そういう否定的な内容の選択肢
は✘の可能性が高い。ただ何かを否定しているだ
けでは中身がない。「犬ではない」では何なのか
わからない。正解なら、「猫である」というように、
ちゃんと何かがわかる内容になっている。

さらに過去問を解いていこう！

過去問

政治と行政に関する次の記述のうち、妥当なものはどれか。

✘4　初期のアメリカ行政学は、行政を政治から分離させる理論によっ
　　て、経営学よりも法律学に接近し、学問としての完結性を確立した。
　　そのため当時の市政改革運動や連邦政府の行政改革に対して実践的
　　な役割を果たすことができなかった。　　　　　　　　　（国Ⅱ 専門）

「できなかった」ことについて述べている選択肢は正解の可能性が低い。

過去問

行政庁の裁量に関する次の記述のうち、妥当なものはどれか。

✗4　行政権の発動は第一次的に行政庁の裁量判断にゆだねられるものであるから、行政庁が法律により付与された権限を行使しないでいるからといって、不作為の違法の<u>問題を生ずることはない</u>。

(国Ⅱ 専門)

「**問題を生ずることはない**」のなら、そこはあまり重要なポイントではないわけで（そういうことが重要な場合もないとはいえないが）、正解というのは、やはり重要なポイントにふれるものである。つまりこの選択肢は**✗**。

過去問

次の文章の主旨として、最も適切なものはどれか。

(本文省略)

✗1　西洋哲学、西洋演劇は、人間の生き方の探求およびその表現の方法として「対話」にたどりついたが、人間の根本のところは言語になる前の無意識の身体性にあるのだから、<u>この方法では人間の根源の研究や人生の真実の表現はできない</u>。

✗4　人間は群衆、集団として認識され、人間の本性は音楽性を有する舞唱ないしコロスという演劇性を通して表現されるべきなのに、西洋哲学は音楽性を有するコロスから離れ、西洋演劇は舞唱から離れたがために、<u>人間の本性に迫れていない</u>。

(国Ⅰ 教養)

　何かをただ否定しているだけの文章というのは、もちろん世の中にたくさんあるわけだが、そういうのは公務員試験の本文には出ない。

　つまり、そういう内容だとしている選択肢は**✗**だ。

過去問

次の文章の主旨として最も妥当なものはどれか。

（本文省略）

✗ 4 歴史の類似性は単なる偶然であるので、歴史法則定位の<u>根拠には</u><u>できない</u>。

✗ 5 制度が類似している歴史は、歴史比較研究のテーマとして<u>ふさわしくない</u>。

（地上 教養）

こういう否定するだけの主旨の文章が出題されることはない。**✗**だ。

過去問

次の文章の主旨として最も妥当なものはどれか。

（本文省略）

✗ 1 文学を体系だてることは重要であるが、個人的条件の影響が大きくて非常に<u>難しい</u>。

✗ 2 文学現象は時とともに変化するものであって、単なる個人的条件によっては<u>左右されない</u>。

〇 5 文学は単なる個人的条件のみによって成立するのではなく、その時代の理想やその時代の文学上の要求によって成立する。 （地上 教養）

1と2は単に否定的な内容だ。こういう選択肢は**✗**だ。こういう主旨の本文は出ないからだ。

正解と比べてみてほしい。**5**にも「**ではなく**」という否定語はあるが、「**のみ……ではなく、……によって成立する**」という、「これこれである」という内容であって、「これこれではない」という内容ではない。

次の古文の主旨として、最も適切なものはどれか。

（本文省略　古文）

✖4　男時といい女時といっても要は心のもちようであり、そのような
ことは能の上手、下手とは<u>なんら関係ない</u>。

（国Ⅰ 教養）

「**なんら関係ない**」と否定的だ。

　出題されるのは（というか本文として使われるのは）、たとえば能の上手
下手に関係するのはどういうことか、といった内容のところであり、このよ
うに、「**なんら関係ない**」という否定的な部分が本文に使われることは考え
にくい（そういう部分は重要性が低いからだ）。

　つまり、この選択肢は✖ということ。

国際法に関する次の記述のうち、妥当なものはどれか。

✖5　今日の国際法は関係国を道義的に拘束するだけで、違反した国に
対する制裁手段が存在しないため、国際規範としての<u>役割を果たし
ていない</u>。

（地上 教養）

「**今日の国際法は**」「**役割を果たしていない**」と否定するのなら、国際法を
問うことはありえない。**公務員試験では**、ただ否定するだけなら、そもそも
そのことを問わない（現状ではダメだから、こういうふうにすべきだという
のは出るが）。

　つまり、この選択肢は✖。

Select the statement which best corresponds to the content of the following passage.

（本文省略　英文）

✘2 The membership of the United Nations has remained virtually <u>unchanged</u> since 1945.

〇5 The recomposition of the Security Council <u>is necessary</u> in order to make it reflect the world situation. （国Ⅱ 専門）

「変わっていない」というのは否定的で✘だ。問われるのはやはり変化のあるところであり、変わっていないことが問われることは考えにくいからだ。

変化のないことが重大という場合もあるが、それなら、どうしたらいいかといった意見のある文章が出題されるので、やはり否定的なだけの選択肢が正解になる可能性はない。

実際、正解の**5**は**「世界情勢を反映させるために、安全保障理事会の再編が必要である」**と、ちゃんと意見のある内容になっている。これが正解というものだ。

議会における議事妨害（フィリバスターリング）に関する次の記述のうち、妥当なものはどれか。

✘5 議事妨害とは、本会議や委員会の欠席などの合法的手段を用いて議事の進行を停止させようとする行為であり、<u>わが国ではまだ行われたことがない</u>。 （地上 専門）

「まだ行われたことがない」ことについて問うということはまずない。✘だ。

機関委任事務に関する次の記述のうち、妥当なものはどれか。

✖3 地方議会は、地方公共団体の長に対する機関委任事務に関して、長に説明を求めたり意見を述べたりすることはできない。 （地上 専門）

「**機関委任事務**」についての問いで、「**地方議会は〜できない**」という、できないことについて述べたものを正解とすることは考えにくい。「フランス料理について妥当なものはどれか？」という問いで、正解を「鮨屋では出ない」なんてものにはしないだろう。

違憲審査権に関する次の記述のうち、妥当なものはどれか。

✖1 条約は高度に政治性を有するものであって、違憲かどうかの判断は司法審査になじまず、裁判所は条約について違憲審査権を一切行使できない。
（地上 専門）

一切行使できないものについて知っておくことも大切だろうが、やはり「**違憲審査権**」についての問いで、「**違憲審査権を一切行使できない**」というのが正解になることは、まずない。「**違憲審査権を一切行使できない**」のであれば、「**条約**」を話題にしない。

過去問

男女雇用機会均等法に定める事項をめぐる労使関係の解決方法に関する次の記述のうち、妥当なものはどれか。

✕3 紛争解決の手段の1つとして労働基準監督署内に置かれる機会均等調停委員会による調停の制度があるが、<u>これまで調停が行われたことはない</u>。

（地上 専門）

「これまで調停が行われたことはない」のなら、調停の話なんかそもそも出さない。つまり、この選択肢は正解ではないということ。

過去問

次の文章で述べられていることとして、最も妥当なのはどれか。
（本文省略）

✕2 「コモンズの悲劇」では、農民がコモンズを自由に利用できる限りコモンズの荒廃は免れえないとされているが、<u>論文中の想定は現代では成立しない</u>。

（東京都Ⅰ 専門）

「論文中の想定は現代では成立しない」のだったら、そんな時代遅れな論文について述べている文章をわざわざ設問に使ったりしない。

　つまり、この選択肢は正解ではない。

過去問

　職業選択の自由に関する次の記述のうち、判例に照らして妥当なものはどれか。

✘1　職業選択の自由も公共の福祉による制限を受けるが、その制限の性質や範囲は<u>他の自由権ととくに差異があるわけではない</u>。

(地上 専門)

　とくに「**職業選択の自由に関**」して問うているのに、「**他の自由権ととくに差異があるわけではない**」事柄について述べているものが正解になることはない。**✘**だ。

過去問

　次の文の内容と合致するものとして最も妥当なのはどれか。

（本文省略）

✘1　物理学の研究法の一つである現象論的方法は、専門家以外には<u>不必要な研究方法である</u>。

(国税・労基・法務教官 基礎能力)

　不必要なら、それについて話をする必要もあまりない。　そんな文章は出ないし、そこが正解になることもない。もっと必要で大切なことについて語っている文章が出るし、そこが正解になる。

否定的な表現があっても、正解という場合は、もちろんありうる。だから、注意が必要だが、ここで紹介した、文章理解の主旨を問う問題や、だったらそういうことは問わないとか、そのことにふれないとか、そういう場合には、まず間違いなく**✘**である。

悲観的な
選択肢は✖

悲観的な内容の選択肢は✖。

まずは1問！

次の文章の主旨として最も妥当なものはどれか。

（本文省略　英文）

✖4　組織は規則に従って機能するものであるから、本質的に個々の構成員の人間性とは齟齬をきたすことを避けられない。

（警察Ⅰ 教養）

それはそうかもしれない。しかし、わざわざそんな悲観的な「**主旨**」の文章を、試験に使うはずがない。事実かどうかではなく、「こんな内容の文章が出題されるか」と考えることが大切。

裏ワザのキモ！

公務員試験において、わざわざ悲観的な内容を出題することはありえない。つまり、悲観的な内容の選択肢には、正解の可能性がない。

さらに過去問を解いていこう！

過去問

次の文章の主旨として最も妥当なものはどれか。

（本文省略　英文）

✗2　教育を受けた知性的な人々が必ずしも平和で幸福な世界を作ることができたわけではないから、<u>明らかに教育には限界がある</u>。

✗4　<u>これまでの体制は世界に混乱と悲惨をもたらしただけ</u>だから、平和と秩序を重視する新たな社会制度の実現が要請されている。

（警察Ⅰ　教養）

「**教育には限界がある**」のはたしかにその通りだろう。だが、正しいかどうかの問題ではない。こんなことを公務員試験の正解にするはずがない。そこに気づかなければならない。

「**これまでの体制は世界に困難と悲惨をもたらしただけ**」などは、まさに体制批判であり、公務員試験でこれを正解に選ぶようでは不合格間違いなしだ。

過去問

次の文の内容と合致するものとして最も妥当なのはどれか。

（本文省略）

✗4　人間の存在や生き方は、すでに過去の歴史の中で規定されているので、<u>現在を生きる人間がどうがんばってもその歴史の壁を突き破ることはできない</u>。

（国Ⅱ　教養）

「**どうがんばっても……できない**」などという、おそろしく悲観的な内容は、確実に✗。

次の文章で述べられていることとして、最も妥当なのはどれか。

（本文省略）

✖1 日本人が対話や議論が下手なのは、そもそも対話や議論に向いて いないからであり、そもそも向いていないというのは極端な説では なくむしろ定説である。

（東京都Ⅰ 教養）

「**そもそも向いていない**」と言ってしまったのでは、もはや向上のしようが ない。こんな、あきらめたような、投げ出したような悲観的な内容は、公務 員試験では決して正解にならない。

なぜなら、そんな内容の文章は本文に採用されないからだ。

教育に関する調査結果を踏まえて書かれた次の文の内容と合致するも のとして最も妥当なのはどれか。

（本文省略）

✖4 成熟社会においては若者が無気力化する傾向にあり、これをどの ようにして阻止するかについての答えは、現代社会においてはいま だ見いだされていない。

（国Ⅱ 教養）

「**答えは……いまだ見いだされていない**」のはたしかにその通りだが、わざ わざこんなことを正解にしない。✖だ。

次の文の内容と合致するものとして最も妥当なのはどれか。

（本文省略）

✖3 真の幸福を得るための手段は手近に用意されているものの、<u>大きな不運を受け取ることも必然であり、真の幸福を得ることはたやすいことではない。</u>

（国家一般職 基礎能力）

「**大きな不運を受け取る**」のは「**必然**」で、「**真の幸福を得ることはたやすいことではない**」のでは、不幸すぎる。こんなネガティブな選択肢は確実に**✖**。

具体的な
選択肢は✖

他の選択肢に比べて具体的な選択肢は✖。

まずは1問！

<過去問>

次の文の内容と合致するものとして最も妥当なのはどれか。

（本文省略　英文）

1 　最近の企業は、自主的に社会的責任を負おうとしているが、以前は企業は政府や慈善団体によって半ば強制的に社会的責任を負わされていた。

2 　グローバル化が進んだ現代社会の中で、企業は社会的責任を果たすことが企業の利潤の確保につながると考えている。

3 　企業が自らの利潤を追求することと社会的責任を果たすことのどちらに重点を置くべきかについては、各方面で議論されているがいまだに結論は出ていない。

4 　最近の企業は、政府などが果たしてきた社会的責任を過大に負わされているが、今後は本来の姿に戻り、ビジネスに力を注いでゆくべきである。

✖5 　企業は、現在のような不況の時代にこそエイズや貧困などの問題に積極的に取り組むことで社会的責任を果たすべきである。

（国Ⅰ教養）

他の選択肢は「**社会的責任**」と言っているだけなのに、**5**だけは「**エイズや貧困などの問題に積極的に取り組むことで**」と、社会的責任の果たし方について具体的に書いてある。

　このように他の選択肢に比べて1つだけ具体的な選択肢は✖だ。

裏ワザのキモ！

> 　具体的な箇所というのは、本文との一致を確認しやすい。そのため、出題者はそれをエサとして使って、ニセの選択肢を選ばせようとするのだ。他の選択肢に比べて、1つだけ具体的な選択肢があったら✖。たとえ、その具体的な部分が本文と一致していてもだ。

　具体的な部分というのは、本文と一致しているのを確認しやすい。この問いでも、エイズや貧困などの記述が本文中に出てくる。そうすると「本文と一致しているから、正解かも」と思ってしまう。そこが出題者のねらいだ。

　出題者としては、「具体例によって筆者は何を言おうとしているのか」というところまで読解できている人だけを正解させたく、たんに文章を表面的に読めているだけの人は落としたいのだ。具体的な記述の一致というのはとても魅力があるが、そんな誘蛾灯にひっかかってはいけない。

　出題者のひっかけを逆用して、具体的な記述は、ありがたく✖肢の目印とさせてもらおう。

さらに過去問を解いていこう！

過去問

次の文で筆者が主張していることに最もよく合致するものはどれか。

（本文省略）

✗3 日本の自然も<u>イスラム砂漠</u>と同じ程度に疲弊しつつあるから、<u>日本人も「刺の覚者」を希求すべきである</u>。

○5 「自然の教え」が生活を営むうえでの規範にならないときには、「人間の教え」が規範になる。

（国Ⅱ 教養）

3は「**イスラム砂漠**」とか「**日本人も『刺の覚者』を希求すべきである**」とか、具体的である。

文章理解の大意把握問題では、他の選択肢に比べ具体的な選択肢というのはまず✗である。

まして、この場合のように、その選択肢だけを読んだのでは、なんのことか意味のわからない選択肢は、確実に✗である。

こういう選択肢でも、本文を読むと、わけのわからない選択肢ではなくなる。だから、この意味からも、本文を読む前に、まず最初に選択肢を見ることは非常に大切である。

正解は、本文と関係なく見ても、必ず意味のわかるものになっている。

なぜなら大意把握であるから、それだけ読んでもわかるようなものでなければおかしいのである。

この問題でも、本文を見ると、もちろん砂漠の話も出てくるし、「『刺の覚者』」も出てくる。

　しかし、こういう具体的な一致をプラスと考えてはいけない。

　まったくその逆で、大意把握とは、具体的な枝葉は切り捨てて、そのいわんとするところをつかまなければならないのだから、むしろ✖の印なのである。

　たとえば、「酸っぱいブドウ」の話なら、正解は「手に入らないもののことは、つまらないものと思おうとするものだ」といったことで、キツネがどうしたとか、ブドウがどうしたとか、そういう具体的なことが入っている選択肢は、いかにも本文と合致しているようだが、✖なわけである。

　正解の **5** を見てほしい。具体的ではないし、この選択肢だけ読んで意味がわかる。

　これが正解というものである。

次の文章で述べられていることとして、最も妥当なのはどれか。

（本文省略）

✖1 <u>ヴェロネーゼやティエポロの絵画</u>は、<u>ヴェネツィアのパラッツォの壁やスクオラの天井</u>にあるのを見なければ、本質を理解することはできない。

2 絵画を見るときには、画家の出身地にある美術館に行き、その画家の有名な作品をまとめて見るのがよい。

3 絵画を見るときに、五感をはたらかせることによって、その作品の描かれた時代の情報を得ることができる。

〇4 ある時代に描かれた絵画を見るという行為は、私にとって、画面を通じてその時代そのものと交流するような意味合いをもつ。

5 私は絵画の印象を記憶するため、その作品の前に立ち、発注者や画家や彼らが生きた時代に思いを馳せる。

（東京都Ⅰ 教養）

　1だけ絵画や場所の具体名が出てくる。もちろん本文にも出てきているわけだが、こういう選択肢は✖なのだ。

過去問

次の文の主旨として、適切なものはどれか。

（本文省略　漢文）

〇1　正しい判断を下すための知見をもつことはそれほど難しくないが、そのことをどう使うかが難しい。

✕2　天災によって<u>土塀が壊れた</u>のに人災だなどといって告げ口をすると、結局自分の身に災いが及ぶことになる。

（国Ⅱ 教養）

2は「**土塀が壊れた**」などと、具体的である。こういうのは**✕**。

正解の**1**と比べてみよう。

過去問

次の文の内容と合致するものとして最も妥当なものはどれか。

（本文省略　英文）

✕1　生活習慣は、長年意識しないで行っているものが多いが、<u>歯磨き</u>だけは各自の自覚がないと長続きしない。

（国Ⅱ 教養）

選択肢は５つとも「**生活習慣**」についてだが、他の選択肢には具体的な生活習慣は出てこない。

1だけ「**歯磨き**」と具体的。**✕**だ。

具体的な選択肢は✕——77

〔第1章〕✖肢がわかる裏ワザ －これが✖肢の目印！－

付加部分

よけいな部分のくっついている選択肢は✖。

まずは1問！

過去問

下文の要旨として妥当なものはどれか。

（本文省略　英文）

1　イギリスの店では普通、品物の値段は公正で、値引きをすることはない。

✖2　イギリスの店では<u>パリと同様に</u>客が値切れば負けてくれる。

3　イギリスの店では常連客に対しては値引きするが、普通は値引きをしない。

4　イギリスの商売人は客によって態度を変え、品物の値段も客を見て決める。

5　イギリスでは品物の値段は売り手と買い手の駆け引きで決まる。

（地上 教養）

2だけが「**パリと同様に**」とパリの話が出てくる。他の選択肢には出てこない。

また、この「**パリと同様に**」の部分は、なくても文が成り立つ。もし「**イギリスの店ではパリと同様に客が値切れば負けてくれる**」が正しいなら、「**イギリスの店では客が値切れば負けてくれる**」も正しい。

こういうふうに、なくてもいい部分がくっついている選択肢は✖だ。

裏ワザのキモ！

なくてもいい部分がくっついている選択肢は、
✘である。くっついている部分が正しくても、間
違っていても。

さらに過去問を解いていこう！

過去問

組織に関する次の記述のうち、妥当なものはどれか。

✘**1**　H.テーラーは、科学的管理法とは能率仕掛けの別名であるとし、
作業能率の標準化と命令一元化の原理を特色とする管理技術を確立
した。これは行政の世界にも応用された。 (国Ⅰ 専門・行政)

「これは行政の世界にも応用された」というのは、完全な付け足しだ。こう
いう付け足しは他の選択肢にはない。この選択肢は✘。

過去問

ピューリタン革命に関する次の記述のうち、妥当なものはどれか。

✘**1**　ピューリタン革命は国王派対議会派の対立として展開したが、両
陣営の構成は極めて明瞭であり、国王派には封建的土地所有者や特
権商人が、議会派にはジェントリー層がそれぞれ団結して所属して
いた。また他の社会階層に属する者も両派いずれかに属し、国内を
二分する激しい戦いが展開された。 (国Ⅰ 専門・行政)

「両陣営の構成は極めて明瞭であり」の部分がなくても、文意はまったく変
わらない。こういう部分のある選択肢は✘である。

19世紀末頃から第1次世界大戦開始時に至るヨーロッパの政治情勢に関する次の記述のうち、妥当なものはどれか。

1 1873年頃から始まった不況への対応策として、ドイツは1879年に保護関税政策へと転換した。この転換は、ユンカーの団体である「租税経済改革協会」の圧力を背景に、新興の重工業、銀行資本を中心とする「ドイツ工業家中央連合」等の反対を押しきって実現されたものである。

2 ビスマルク退陣後のドイツにおいては、経済的には没落しつつあるユンカーがいつまでも政治の支配権を握って放さなかった。他方、経済的には上昇しつつあったブルジョワジーは政治的には未成熟である状態が続き、その内部には貴族主義的心情や哲学が浸透し、また騎士領の購入や通婚による貴族社会への仲間入りが流行した。

3 1873年頃から始まった不況への対応策として、イギリスは1852年以来の自由貿易主義の原則を放棄し保護貿易政策に移行するとともに、植民地に対する支配を強化していき、その「世界帝国」としての支配圏を関税の壁で囲い込む「ブロック化政策」を採用した。

4 イギリスの植民地に対する支配の強化に対して、植民地においては自治獲得の運動が高まってきた。こうした動きを背景に、保守党はディズレーリが「水晶宮演説」を行い、グラッドストーン率いる自由党の帝国主義政策を推進すべきであるとの主張を抑えて帝国主義からの訣別を宣言し、これによって白人植民地に自治権が次々に認められた。

✖5 フランスは第三共和政の発足以降社会的に安定し、海外において活発に植民地の獲得に乗り出した。フランスの場合、その海外投資は大口投資家による植民地への産業投資中心であり、<u>この点において、大衆的な小口投資家によるヨーロッパ各国の政府債の取得が中心であるイギリスと異なっていた。</u>

（国Ⅰ 専門・行政）

他の選択肢はそれぞれ1つの国だけを話題にしているのに、**5**だけはフランスの話に、イギリスの話が出てくる。✖だ。

過去問

次の文の要旨として妥当なものはどれか。

（本文省略）

✖1　光の無限大に近い速度と身近な物が動く速度とを比較することは意味がないが、もし太陽系の星を全部見渡せるとすれば、無限大に近い光の速度のおかげである。

（地上 教養）

前半が前置きのように置かれているが、後半とのつながりはほとんどなく、なくてもぜんぜんかまわない。**「要旨」**を問う問題でこういうのは確実に✖。

過去問

「バージェスの同心円地帯理論」、「ホイトの扇形理論」又は「ハリスとウルマンの多核心理論」に関する記述として、妥当なのはどれか。

✖5　バージェスの同心円地帯理論、ホイトの扇形理論、ハリスとウルマンの多核心理論は、都市における人間の空間的分布について、生態学的概念を用いることなく、経済学や文化的要因により体系的に研究したものである。

（特別区Ⅰ 教養）

「生態学的概念を用いることなく」の部分がなくても、文章は成り立つ。しかし、これが入ることによって、他の部分が正しくても、**「生態学的概念を用いることなく」**でなければ、この選択肢は完全な✖になる。このように限定条件をプラスする部分が付加されている選択肢は要注意だ。

レベル **1**

共通性を指摘しているのは✖

2つの事項を対比して述べている選択肢で、
2つの共通性について指摘しているものは✖の可能性が高い。

まずは1問！

過去問

古典派とケインズ派のフレーム・ワークに関する次の記述のうち、妥当なものはどれか。

✖3 古典派のフレーム・ワークでも、ケインズ派のフレーム・ワークでも、財市場の均衡が、価格の調整機能によってもたらされる<u>という点では共通している</u>。

○4 貨幣数量の増加は、古典派のフレーム・ワークでは物価水準を変化させるだけで実物面にはまったく影響を与えないが、ケインズ派のフレーム・ワークでは利子率の低下を通じて影響を与える。

(国Ⅰ 専門・行政)

この問いでは、「**古典派**」と「**ケインズ派**」のフレーム・ワークについて問われている。

そして、**3**は両者の共通点を指摘している。

こういうのは✖である。

正解は、両者のちがいについて述べている。

3（**✖**）と**4**（正解）のちがいをよく見ておいてほしい。

たいていの場合、「ＡとＢはこうちがう」とい
うちがいのほうが、どっちでも同じことよりも、
重要である。問いでは重要なことが問われるわけ
で、それが正解となる。つまり、共通性を指摘し
ている選択肢は✘の可能性が高い。

さらに過去問を解いていこう！

過去問

政治と行政に関する次の記述のうち、妥当なものはどれか。

✘3 政治と行政の実体的区分を表わすものとして、政治家と行政官の
区分が挙げられることがあるが、両者は政策領域について期待され
る知識や能力に基本的な違いはなく、選任の原理も同じである。

（国Ⅱ 専門）

　この問いでは**「政治」**と**「行政」**ということが問われているが、２つのこ
とが対比されているとき、その共通性を指摘している選択肢が正解というこ
とはまずない。

　つまり、この選択肢は✘。

過去問

次の文の内容と一致するものはどれか。

（本文省略　英文）

✘3 Younger employed wives have <u>almost the same</u> life styles as older generations.

○4 Employed husbands increased their family care time by much less than employed women decreased theirs. （国Ⅱ 教養）

3 では「**Younger employed wives**」と「**older generations**」が比較されているが、「こんなふうに変わった」ということに比べて、「変わっていない」ということは重要性が低く、内容一致問題といえども、そこのところを正解にするとは考えにくい。つまり、**✘**。

過去問

圧力団体の機能として正しいものは、次のうちのどれか。

✘1 政党と同じく、政治的責任を負う。

○3 政党が十分に果たしえない利益表出の機能を補完する。 （地中 専門）

　あるものを説明するときは、他のものとの共通点を挙げるより、相違点を挙げるほうが、対象をより明確にすることが多い。「これはどこがちがうの？」と店員に聞いたことは誰でもあるだろう。「これはどこが同じなの？」とはあまり聞いたことがないはずだ。

　というわけで、共通点を言っている**1**は**✘**だ。

　正解の**3**は、ちゃんとちがいを言っている。

能率に関する次の記述のうち、妥当なものはどれか。

✗**3**　社会的能率は、行政の社会的有効性を基準として能率の高低を評価する概念で、<u>科学的管理でいう作業過程における能率と同一である</u>。

(地上 専門)

前の問題と同じことで、こういう選択肢は正解の可能性が低い。

地方自治に関する記述として妥当なのは、次のうちどれか。

✗**2**　<u>旧憲法でも、新憲法と同様に</u>、地方自治は憲法上の制度として保障されていた。

(地中 専門)

「旧憲法でも、新憲法と同様に」なら、こんな話題はわざわざ出してこない。

世論に関する次の記述のうち、妥当なものはどれか。

✗**1**　世論という概念は、19世紀の市民社会の形成のなかで発展してきたもので、理性的存在である市民が対話により合意を形成していくものと考えられていた。<u>現代社会においても</u>、理性的で合理的な思考に裏づけられた大衆により形成される世論は、政治権力にとっていっそう重視されるべきものと考えられている。

(国Ⅰ 専門・行政)

「現代社会においても」変わらないのなら、なにも現代社会では〜とやる必要はない。19世紀以来〜とすればいいはずだ。つまり、この選択肢は✗。

　絶対主義国家から国民国家（近代市民国家）の登場する過程に関する
次の記述のうち、妥当なものはどれか。

✗3　絶対主義国家の誕生期にマキャベリは国民を非理性的存在ととら
　　えたが、<u>絶対主義国家が崩壊して成立した国民国家においても</u>、そ
　　の構成員は非合理的存在であるとされ、したがって政治的教育の必
　　要性が説かれた。

（国Ⅰ 専門・行政）

「絶対主義国家が崩壊して成立した国民国家においても」と、共通点が指摘
されている。

　労働協約、就業規則、労働契約に関する次の記述のうち、妥当なもの
はどれか。

✗3　<u>就業規則も労働協約も、それが効力を生ずれば当該事業上の全労</u>
　　働者に適用される。

○4　就業規則では、使用者が一方的に労働条件を不利益に変更できる
　　場合があるが、労働契約ではこのような場合はない。

（地上 専門）

3は共通性を述べている。正解の**4**はちがいを述べている。

次の文の内容と合致するものとして妥当なのはどれか。

（本文省略）

✖ **3** 人間は、環境構造が相互に関連付けられて構成された〈世界〉の

中に生きているのであり、生物学的環境構造とは<u>無関係な存在であ</u>

<u>る</u>。

（国Ⅱ 教養）

何らかの関係があるからこそ比較をするわけで、「**無関係**」なのであれば、
最初から比較しない。こういう選択肢も✖だ。

問いに対応していないのは✖

問われていることにピッタリはまっていない選択肢は✖。

まずは1問！

過去問

> GDP（国内総生産）について正しい記述は次のうちどれか。
>
> ✖5　経済の実勢をみる指標として世界的にGDPが重視されており、近年わが国でも経済統計はGNP中心に切り替えられ、GDPはあまり用いられない。
>
> （地中 教養）

「GDP」についての問いである。

その正解が、「**GDPはあまり用いられない**」ということはまず考えられない。

あまり用いられていないのだったら、そもそもGDPについての問いを作らない。

「だったら問わない」というやつだ。

こういう選択肢は確実に✖である。

出題者がニセの選択肢を作るとき、問いの主旨から外れてしまうことがある。「リンゴは何色？」という問いなのに、「みかんは黄色」というようなニセの選択肢を作ることがあるのだ。そこを見逃さず、ありがたく✖肢と気づかせてもらおう。

こういう、問いに対応していない選択肢はけっこう多い。

しかし、なかなか気づけないものだ。問いの文は最初にさっと見るだけで、あとは選択肢にかかりきりになる人が多い。

本文がある問題では本文をちゃんと読まないと気がすまない人でさえ、問いの文は軽視しがちだ。

しかし、軽視されがちなところというのは、防御もそれだけ手薄になっているので、ヒントになりやすく、逆に注目ポイントなのだ。

もちろん、最も重要なのは選択肢だが、本文は読まない場合でも、問いの文はちゃんと見るようにしよう。

そして、問いの文と選択肢の対応を確認しよう。

それだけで✖肢がわかることがあるのだから。

さらに過去問を解いていこう！

過去問

地方自治に関する次の記述のうち、妥当なものはどれか。

✖3 日本の政府体系において地方自治体の占める<u>比重は比較的小さく</u>、全公務員数に占める地方公務員数の割合や、全政府支出に占める地方自治体の支出の割合は30％程度であり、<u>世界各国のなかでも低いほうである</u>。

(国Ⅱ 専門)

「**比重は比較的小さく**」「**世界各国のなかでも低いほうである**」のなら、そもそも問われることはない。問われるということは、それだけ重要性が高いということだ。つまり、この選択肢は✖。

過去問

<u>動物や植物の細胞の構造と働きに関する</u>次の記述のうち、正しいものはどれか。

✖1 液胞は<u>動物細胞にのみ</u>存在し、塩類や色素の水溶液を満たしている。

〇3 ミトコンドリアは動物細胞と植物細胞のどちらにも存在し、生体内のエネルギー活動に必要な物質を合成する場となっている。

✖5 ゴルジ体は<u>植物細胞にのみ</u>存在し、小胞体で合成されたタンパク質などの加工・濃縮・分泌を行っている。

(地上 教養)

問いの文で「**動物や植物の細胞の構造と働きに関する**」と言っているのに、**1**は「**動物細胞にのみ**」、**5**は「**植物細胞にのみ**」と、一方のみだ。正解はちゃんと両方のことを述べている。

なお、**1**と**5**は「**のみ**」と限定されていて、〝**限定**〟でも✖だ。

わが国の高度経済成長を昭和40年を境として<u>前半（昭和34〜40年）</u><u>と後半（昭和41〜48年）に分け</u>、主な経済指標の推移を述べた次の記述のうち、妥当なものはどれか。

〇1 前半には、好況時に国際収支が赤字となり、成長に対する〝国際収支天井〟といわれたが、後半には国際競争力が強まり黒字基調となった。

✕2 旺盛な技術革新に支えられて実質経済成長は後半に<u>一段</u>と高まった。

✕3 後半に入ると部門間の生産性上昇率格差が拡大したことから、消費者物価は上昇率を高めたが、卸売物価は大企業の生産性上昇に支えられて安定基調を<u>持続した</u>。

✕4 労働需給は前半にはひっ迫を続けたが、後半に入ると労働力供給が増加したことから緩和基調に転じた。

✕5 所得水準の高まりにより消費支出は<u>前半、後半とも</u>増加を続けたが、後半に入るとエンゲル係数が下げ止まるなど消費構造は安定した。

（国Ⅰ 専門・経済）

　問いでわざわざ「**前半（昭和34〜40年）と後半（昭和41〜48年）に分け**」ているのに、**2**では前半と後半の明確な対比がない。これなら、なにも前半後半を分けなくても、だんだんに高まっていったでかまわない。**3**も「**持続した**」わけだから、前半との明確な差はない。**5**も、「**前半、後半とも**」なんて言っている。とにかく**2**、**3**、**5**が正解なら、問いで前半後半をわざわざ分けるわけがない。このように問いとの対応の悪い選択肢は✕である。

　4は、「**転じた**」となっているからいいようだが、「**緩和**」したというだけだから、変化が少ない。

　正解**1**は、なるほど前半後半を分ける意味がある。問いとの対応を見れば、このようにそれだけで正解がわかることもある。

甲は公衆浴場の営業を計画し、Ｘ月１日に営業許可付与の権限を有する A県B保健所に営業許可の申請書を提出したところ、係員に申請書の一部に不備がある旨を告げられたためにこの部分を持ち帰ることにし、結局申請は保留の状態になっていた。ところが係員から報告を受けたA県は、申請書のそのままの状態で受理しうると判断し、Ｘ月６日に補正を行うことなく甲の持ち帰っていた部分の提出を求めてその申請書を受理した。しかし、これに先立つＸ月３日に、乙が甲の公衆浴場設置計画地より数十メートル離れた地点に公衆浴場の営業を計画し、B保健所に営業許可の申請書を提出し、これを受理されていた。<u>A県の条例によると、公衆浴場は既設の浴場より300メートル以上離れていなければ開設できないとされている。</u>

上文についての法律関係に関する次の記述のうち、判例に照らして妥当なものはどれか。

✕1 本来、国民がどのような営業を行うかは自由であり、とくに公共の福祉に反するような事情がない限り、どのような職業も自由に営むことができるのであって、<u>本件距離制限は違法であり</u>、A県は甲・乙のいずれについてもその営業を認めなければならない。

(国Ⅰ 専門・法律)

問いの文にさからう内容の選択肢があることがある。選択肢にはマチガイが書いてあることがあるわけだが、問いの文にマチガイが書いてあることはない。つまり、問いの文と選択肢が対立するときは、その選択肢がマチガイであるということだ。問いの文にさからう選択肢は✕なのである。

この問いでは、問いの文に「**A県の条例によると、公衆浴場は既設の浴場より300メートル以上離れていなければ開設できないとされている**」とある。で、**1**の選択肢には「**本件距離制限は違法**」とある。

こういうふうに問いの文にさからう選択肢は✖である。

だいたい、こういう問いを作って、正解が「この条例は違法です」では、あんまりだろう。

過去問

A市では、公共施設の建設に関わる入札において、ある業者に特別の便宜を市長が図った疑いのあることが明らかになった。この<u>不正を正すための法的手段</u>に関する次の記述のうち、妥当なものはどれか。

✖**5** 市長が住民訴訟で敗訴して賠償責任を負った場合、市長に故意または重大な過失がある場合を除いて、市長の責任を市が代位することになる。

(地上 専門)

問われていることと、ズレたことを答えている選択肢があることがある。そういう選択肢は✖。

「不正を正すための法的手段に関して」の問いなのに、法的手段がとられて負けたときの話になってしまっている。こういう選択肢は✖である。

過去問

<u>国家賠償法第1条に関する</u>次の記述のうち、妥当なものはどれか。

(本文省略 条文)

✖**2** 「公務員」とは国家公務員および地方公務員に限られ、権力的な行政の権能を国または公共団体から委任されている場合であっても民間人はこれに含まない。

(国Ⅱ 専門)

「国家賠償法第1条に関する」問いなのに、**2**は公務員についての説明になっている。こういうズレた答えをしている選択肢は✖。

過去問

　Aが渡航先をX国とする一般旅券の発給を申請したところ、外務大臣は、Aが旅券法13条1項5号記載の者に該当すると判断し、申請に係る旅券を発給しないことを決定し、その旨をAに通知した。その際、<u>同法は14条において、旅券を発給しない場合はその理由を書面で通知することを要求しているが</u>、これについては「旅券法13条1項5号に該当する」とのみ記載されていたにすぎなかった。

　以上の場合における法律関係に関する次の記述のうち、判例に照らして妥当なものはどれか。

✖1　旅券法13条1項は、外務大臣がその裁量により同条項5号に該当すると判断したときは旅券を発給しないことができる旨規定しており、<u>理由の付記は単なる事後的な要件にすぎない</u>から、これがない場合でも、旅券発給拒否処分自体が違法となるわけではない。

(国Ⅰ 専門・法律)

　問いの文に**「同法は14条において、旅券を発給しない場合はその理由を書面で通知することを要求している」**とはっきり書いてある。

　それなのに、**1**は**「理由の付記は単なる事後的な要件にすぎない」**と軽視している。

　問いの文にさからう選択肢は✖である。

　だいたいが、軽視されるべき事項なら、問いの文にわざわざ書かれるはずもない。

地方自治の本旨に関する次の記述のうち、妥当なものはどれか。

✖3 　地域における固有の事務をその地域の公共団体によって処理する
ことは、単に機能の面を考慮したものであって、地方自治の本旨と
は関係がない。

（地上 専門）

「**地方自治の本旨に関する**」問いなのに、「**地方自治の本旨とは関係がない**」
ことを言っている選択肢がある。こういう選択肢は✖である（これは「否定
的な選択肢は✖」の項でも述べたことだが）。

レベル 1

〔第1章〕✖肢がわかる裏ワザ ―これが✖肢の目印！―

矛盾した選択肢は✖

言っていることが矛盾している選択肢は✖。

まずは1問！

過去問

次の文の内容に合致するものとして適切なものはどれか。

（本文省略）

✖2 常識を信じる人は、<u>自らは考えようとせず</u>、<u>判断の中止ということに耐ええない</u>状態になっている。

（国Ⅱ 教養）

「**自らは考えようとせず**」なら、「**判断の中止**」のはずで、「**判断の中止ということに耐ええない**」というのは、矛盾している。✖だ。

裏ワザのキモ！

　✖肢を作るときに、どうしても無理が出ることがある。そうして、矛盾した内容の選択肢ができることがあるのだ。これもありがたく✖肢の目印とさせてもらおう。

こんな選択肢でも、本文を読んでいると、なんとなく一致しているような気になるものだ。本文とは関係なく選択肢を見て、それでおかしいものは間違いなく✖なのだから、ちゃんと除外するようにしよう。

　こんなバカバカしい選択肢にひっかけられたら悲しい。

さらに過去問を解いていこう！

過去問

　ピューリタン革命に関する次の記述のうち、妥当なものはどれか。

✖4　議会派の思想的基盤を提供したＪ.ミルトンは『アレオパジティカ』を著し、言論の自由こそが競争と抗争を通じて人間を真理へと導く点で最も優れた方式であるとしたが、カトリシズムに対する警戒心から一定の条件の下に国家による検閲を認めた。

(国Ⅰ専門・行政)

「言論の自由こそが競争と抗争を通じて人間を真理へと導く点で最も優れた方式であるとした」のに、**「国家による検閲を認めた」**というのは大矛盾だ。

次の英文中に述べられていることと一致するものとして、妥当なのはどれか。

（本文省略　英文）

✗5　真の幸福のためには自尊心が不可欠であり、<u>自分の仕事を恥じていても</u>、<u>自尊心をもつべき</u>である。

（特別区Ⅰ 教養）

「恥じていても」「自尊心をもつべき」というのは矛盾している。

　甲所有の土地について、甲の知らない間に乙名義の所有権移転登記がなされていたので、甲は乙を相手取ってその所有権移転登記の抹消を求めて出訴し、甲勝訴の判定が確定した。しかし、この判決に基づく抹消登記がなされていなかったところ、税法上、固定資産税については賦課期日（1月1日）に所有者として登記されていれば、4月1日に始まるその年度内は納税義務者とされるため、乙が登記名義人として本件土地に関する固定資産税の一部を支払った。

　上記の法律関係に関する次の記述のうち、判例に照らして妥当なものはどれか。

✗3　本件課税は真の所有者に対するものではない<u>という点で瑕疵あるものであるが</u>、<u>瑕疵が明白でないので</u>、無効ではなく取り消しうべき課税処分となる。

（地上 専門）

「という点で瑕疵あるものである」と言っておいて、**「瑕疵が明白でない」**と言っている。明らかに矛盾している。**✗**だ。

現代社会の特質に関する次の記述のうち、妥当なものはどれか。

✕1 行政の増大に伴ってそれを裏づける法律がますます必要となり、立法府としての議会が行政府よりも強くなる。

✕2 官僚制が発達しているために、首長がかわっても行政のあり方が変化することは少なく、したがって行政に長期的展望がない。

（地上 専門）

1は、「**行政の増大**」なのに、「**議会が行政府よりも強くなる**」というのは、矛盾している。

2は、「**行政のあり方が変化することは少な**」いのなら、ずっと変わらないわけで、これは「**長期的展望が**」あることになる。

多数決原理に関する次の記述のうち、妥当なものはどれか。

✕1 多数決原理は、さまざまな利害の対立が絶対的なものとして存在するとき、これに決着をつけるための技術原理として古代から用いられてきたものであり、必ずしも議会制民主主義とともに発達してきたものではない。

✕4 多数決原理は、さまざまな利害の対立を絶対的なものとして認めつつ、討論を尽くして問題点を掘り下げ、少数派を納得させようとするものであり、ある法案についての賛否を問い、投票数を算術的に統計して多数票によって決定するという単なる手順が問題とされるのではない。

（国Ⅰ 専門・行政）

1は、「**対立が絶対的なもの**」なら、「**これに決着をつける**」ことは無理。

4も同じことで、「**対立を絶対的なものとして認め**」るのなら、「**討論を尽くして問題点を掘り下げ、少数派を納得させようとする**」はずはない。

レベル 1

わけのわからない選択肢は✖

その選択肢だけ読んで理解できない場合、それは✖肢。

まずは1問！

過去問

　次の文章を読んで、以下の問に答えなさい。

（本文省略）

問　この文章の内容と一致するものとして、最も妥当なのはどれか。

✖1　多くの人に影響を与える見込みがあれば、知識人がマスメディアの外で生活できる。（消防Ⅰ 教養）

　何を言っているのか、漠然としていて、わけがわからない。

「本当は深い意味があって、自分の理解力が及ばないだけなのだろう」などと思ってはいけない。**その選択肢だけ見て、意味不明な選択肢は✖なのだ。**

裏ワザのキモ！

　正解と関連づけてニセの選択肢を作るとき、そのニセの選択肢だけを純粋に見ると、わけのわからないものになってしまうことがある。わけのわからない選択肢があるのはそのせい。✖肢だ。

さらに過去問を解いていこう！

過去問

次の英文の中で述べられていることと一致するものとして、最も妥当なのはどれか。

（本文省略　英文）

✗3　今度いつか、ステーキの焼きすぎであなたが給仕人に腹を立てるようなことがあったら、給仕人をあなたの心の中の私室に招き入れ、ステーキの焼き方を教えなさい。

（東京都Ⅰ 教養）

「心の中の私室」とは？　そこに**「給仕人を」「招き入れ」**るとは？？
「ステーキの焼き方を教え」るとは？？？　考えるだけムダ。✗だ。

過去問

次の文の内容と合致するものとして最も妥当なのはどれか。

（本文省略）

✗4　天才とは、百年の計の性格をサイエンスの性格と同じと考え、人間の出来不出来にかかわらず永続するシステムを構築することのできる人である。

（国Ⅱ 教養）

まったく意味不明だ。天才ならわかると思ってはダメ。✗だ。
「人間の出来不出来」は〝**良識的解答**〟でも✗である。

本文と見比べると、こういう選択肢でも正解に見えてきて、ヘンであることに気づかなくなる。純粋に見ることが大切だ。

ムチャな 選択肢は✖

ムチャなことを言っている選択肢は✖。

まずは1問！

次の文章の主旨として、最も妥当なのはどれか。

（本文省略）

✖5　武術の練習においては、たとえ動きや姿勢を修正するためであっても、虚栄心をもたらす鏡を用いてはならず、必ず自らの内面の眼によらねばならない。

（警察Ⅰ 教養）

5は「**動きや姿勢を修正するためであっても**」「**鏡を用いてはならず**」とムチャなことを言っている。こういう選択肢は✖。

正しくは「鏡は虚栄心をもたらすので注意」という内容で、それをムチャにすることで、まぎらわしい✖肢にしてあるのだ。

裏ワザのキモ！

言っていることがムチャな選択肢は✖。深い意味があるのかもしれないなどと考えてはいけない。正解を歪めて✖肢にしたために、そうなっただけだ。つまり、✖肢の目印。

さらに過去問を解いていこう！

過去問 次の文章で述べられていることとして、最も妥当なのはどれか。

（本文省略　英文）

✗**1**　人々は、自分自身をその一部分であると見ていた大きな<u>社会的宇宙的秩序から離脱できた</u>がゆえに、現代においては、より高い目的について十分に自覚しており、<u>各人がなにごとも自由に決めることができる</u>。

（東京都ＩＢ教養）

「社会的宇宙的秩序から離脱」 など、ムチャもいいところだ。✗。

〔第1章〕✖肢がわかる裏ワザ ーこれが✖肢の目印！ー

くだらない、難しいのは✖

くだらない内容の選択肢や、難しすぎる表現を使ってある選択肢は✖。

まずは1問！

> **過去問**
>
> 次の文章の内容と合致するのは、次のうちどれか。
>
> （本文省略　英文）
>
> ✖**1**　デジタル的思考の人は、すべてのものごとを数字に変えたいと思っている。
>
> ✖**2**　情報を信頼できるものとするためには、数字化すべきである。
>
> （地中 教養）

こういうバカとしか思えない内容の文章が本文として採用されるわけがない。

つまり、こういうくだらない内容の選択肢は最初から正解の可能性がない。

しかし、こういう選択肢でも、本文を読むと、ちゃんと合致しているように見える。

本文と選択肢の比較ばかりに気をとられていると、こういう選択肢でもひっかかってしまう。

選択肢だけを見て、くだらない選択肢はちゃんと最初にはじくようにしておこう。

> あまりにくだらない内容の選択肢は✖。そんなくだらないことを問わないからだ。
>
> あまりに難しい選択肢も✖。難しくすることで、気をひこうとしているニセの選択肢だからだ。

さらに過去問を解いていこう！

過去問

次の文の内容と合致するものとして最も妥当なのはどれか。

(本文省略　英文)

✖**3**　人力車を見直す動きがあるが、車などの現代の交通手段との共存が難しい。

(国税 教養)

人力車と車の共存を真剣に考えているところで、もう確実に✖。

過去問

次の文の内容と合致するものとして最も妥当なのはどれか。

(本文省略)

✖**4**　<u>哲学教育</u>は、教室を離れたウェブ上のネットワークや地域の集まりでも異論を唱えられるような<u>度胸を身に付けることを目的としている</u>。

(国税・労基・法務教官 基礎能力)

度胸を身に付けるための哲学教育って、なんだ？　こんなバカバカしいのは✖。

過去問

次の文におけるマイヤーの主張として、適切なものはどれか。

（本文省略）

✖**3** 引用の効果は、引用される客体と引用の客体との間に、表層では
挑発的な関係を保ちながら、潜在的な部分では両者を融合し、同化
させているところにある。

（国Ⅱ教養）

難しいことが書いてあると、よくわからないだけに「正解かな」と思って
しまいがちだが、じつは、選択肢が難しくしてあるのは、そういうふうに受
験者をひきつけるためのひとつの手なのだ。

わけがわからないまま、なんとなく「正解かも」と思える選択肢は、まず
✖だから、そういうふうに逆に考えたほうがいい。

過去問

この文章の要旨として、最も妥当なのはどれか。

（本文省略）

✖**1** ロボットと人間が一緒にものを運ぶためには、あらかじめ呼吸を
合わせるための予備動作を入れなければならないので、協調動作の
プログラムを組むということは<u>面倒臭いことである</u>。 （消防Ⅰ教養）

「**面倒臭い**」などという、くだらない愚痴が「**要旨**」の本文など、出題されない。

現状評価の選択肢は✖

現状評価の選択肢は✖。問題点を指摘している選択肢が正解。

まずは1問！

過去問

開発途上国と先進国とのいわゆる南北問題に関する次の記述のうち、妥当なものはどれか。

✖1 開発途上国は1964年に結成されたUNCTAD（国連貿易開発会議）を舞台として、南北格差を是正すべく一致して先進諸国と交渉に当たった。開発途上国は交渉の場において、南北格差の原因は世界の経済制度が先進国中心に構築されていることにあると主張した。アメリカ、イギリス、フランスをはじめとする先進諸国はこの主張を承認し、その結果、GATT、IMF等の機構改革を行った。

✖2 開発途上国は、石油危機直後の1974年に国連資源特別総会において、石油価格および第1次産品価格の安定化に関する新たなルールを作り上げることを目指し、NIEO（新国際経済秩序）の樹立を提案した。この提案は、先進諸国の反対が強かった天然資源の恒久主権の主張が取り下げられたため、全会一致で採択され、<u>新たな国際経済秩序が樹立された</u>。

○3 原料や第1次産品を先進諸国に供給する役割を担ってきた開発途上国は、自らも工業化することによって先進諸国に追いつくことを目指して外国からの資金導入を行い、国内の開発計画を進めた。し

かし、国内投資率が国内貯蓄率を上回って急上昇したこと等により債務が累積し、また、輸出によって獲得する外貨に占める元利返済比率（DS比）が高まって、返済が困難になる例が近年発生している。

✘4 国際連合は、開発途上国が過半数を占めていることから、近年開発途上国中心に運営されるようになってきている。そのためアメリカ、イギリスをはじめとする先進諸国は、ILO、UNESCOからは脱退したものの、国際海洋法条約の締結や南北サミットの開催にみられるように、開発途上国の立場を理解し、その主張を認めることにより開発途上国の懸案を解決しようという傾向を強めてきている。

✘5 NICs（新工業国群）と呼ばれている韓国、台湾、シンガポール等は、天然資源に恵まれていないにもかかわらず、近年、先進工業国を上回る経済成長を達成し、工業化の道を辿りつつある。この原因としては、これらの諸国が輸入関税の強化によって国内の産業を保護するとともに、外国市場に頼ることなく国内市場の育成に力を注いできたことによるものである。

（国Ⅰ 専門・行政）

1は、先進諸国が開発途上国の主張を承認し、機構改革を行ったという、現状評価の選択肢だ。**✘**。

2は、「**新たな国際経済秩序が樹立された**」という、解決された話をしている。**✘**だ。

4は、「**解決しようという傾向を強めてきている**」で、これも改善されつつある話だ。**✘**。

5は、事実の記述ともいえ、現状評価とはちがうかもしれないが、問題点の指摘ではない。

3は、「**返済が困難になる例が近年発生している**」というように、問題点を指摘している。

そして、この問題の正解は**3**なのである。

裏ワザのキモ！

　問題で問われるのは、「問題点」であることが多い。うまくいっていたり、改善されたことよりも、問題点のほうが重要であるからだ。

　したがって、すでに解決したことや、改善されつつあることについて述べている、現状評価の選択肢は、✖の可能性が高い。

　そして、問題点を指摘している選択肢が正解の可能性が高い。

さらに過去問を解いていこう！

過去問

　現代社会の構造的特質に関する次の記述のうち、妥当なものはどれか。

○**1**　普通選挙権の実現により国民の政治参加が制度化されたが、大衆の政治への参加に伴って市民を中心とした近代の議会主義は、メタモルフォシス（転態）を余儀なくされている。

✖**4**　大量消費社会に伴い、人々は働く喜びや造る喜びを知り生活も豊かになり、疎外感を感じることなどはなくなった。

✖**5**　わが国では労働生産の効率化、労働時間の短縮化に伴い余暇の時間が大幅に増えた。そして、サラリーマンや主婦を中心として余暇を有意義に過ごし、大衆文化を作り出そうとしている。　　　　（国Ⅱ専門）

　4のような、いいことづくしで、もうまったくの手放しの現状評価の選択肢は、✖間違いなし。**5**も現状評価で✖。正解の**1**と比べてみてほしい。

次の英文中に述べられていることと一致するものとして、妥当なのはどれか。

（本文省略　英文）

✖**1**　非常に多くの知識人は、富裕な企業に雇われ、自分の才能を自由に発揮する機会に恵まれている。

✖**2**　英国やアメリカのジャーナリストの多くは、彼らの働いている新聞の方針を心から支持している。

（特別区Ⅰ　教養）

こういう、問題意識のかけらもない、現状を手放しでOKと言っている、めでたしめでたしみたいな内容は、決して正解ではない。

次の文章で述べられていることとして、最も妥当なのはどれか。

（本文省略）

✖**2**　今日の大多数の日本人の生活は、過去のどの時代と比較してもはるかに自由であり豊かであるので、「人間的である」といえる。

✖**3**　江戸時代の農民は、年貢を納めるための労働に追われていたので、自分の生活を「人間的である」と感じることはできなかった。

✖**4**　明治・大正の職工は、自主的判断に基づいて能力を発揮できたので、彼らは今日の工場労働者よりも人間的な生活を送っていた。

（東京都Ⅰ　教養）

2のような手放しの現状賛美はもちろん✖。また、**3**のような過去の強い否定も✖（現状評価の裏返し）。そして、**4**のような過去賛美も✖なのだ（現状を否定しすぎることになる）。

正論すぎる選択肢に注意

ありふれた正論を述べている選択肢は✖。

まずは1問！

過去問

次の文の主旨として、適切なものはどれか。

（本文省略　漢文）

〇1 正しい判断を下すための知見をもつことはそれほど難しくないが、そのことをどう使うかが難しい。

✖4 物事は単純なように見えても、じつはなかなか複雑なものであるから、判断は慎重にすべきだ。

（国Ⅱ 教養）

　さっと読んだだけで誰もがすぐに理解できるような、ありふれた正論を述べている選択肢は✖の可能性が高い。

　なぜなら、たとえば英文読解で、英文の半分くらいしか理解できない受験者でも、そういう主旨の文章だと、だいたいの見当はついてしまう。だから、ちゃんと読解できた受験者しか正解できないように、簡単には予想できない、ちょっとひねった主旨の文章が出題されがちなのである。

　だから、たとえばこの問題の**4**のような、ありがちな正論の選択肢は✖で、**1**のようにもう少しこった内容の選択肢が正解なのである。

　あまりにもオーソドックスで、ありきたりな、正論の選択肢は、要注意！　そんなありがちな内容をわざわざ問いにすることは考えにくい。ニセの選択肢の可能性が高い。

さらに過去問を解いていこう！

過去問

次の文の内容と合致するものとして最も妥当なのはどれか。

（本文省略　英文）

〇2　穀類に含まれるタンパク質であるグルテンを食べると、下痢などの症状が出るといった食物不耐性をもつアメリカ人が300万人もいるといわれている。

✕5　食物アレルギーがある場合には、勝手な自己判断をしないで、医者の診断を受け体質改善に努めるべきである。

（国Ⅱ　教養）

　5はあまりにもありきたりな内容だ。

　テレビの健康モノの番組でも、何回も出てきそうな、決まり切ったフレーズだ。

　こんな内容の文章をわざわざ内容読解問題の本文として使うはずもない。

　✕だ。

　正解は**2**のように、もっと内容がある。

次の文の趣旨として最も妥当なのはどれか。

（本文省略）

✘1 幅広い教養を身につけるためには、手近の雑誌や新聞だけでなく、何でも読みこなすという気持ちを大切にして読書を習慣づけなければならない。

〇3 精神的に成長するためには、著者の強い個性から発する独創的な古典的名著を読むことが大切である。

（国Ⅰ 教養）

1はいくらなんでも普通すぎ。学校の先生なら誰でも言うことだ。

正解の**3**もかなり普通ではあるが、「**著者の強い個性から発する独創的な**」ものがいいというのは、**1**ほどありふれた意見ではなく、そこが異なる。

次の文の内容と合致するものとして最も妥当なのはどれか。

（本文省略 英文）

✘1 科学的な問題について、専門家の間で一致した意見が人々にすぐに受け入れられないのは、その内容が高度であり、理解し難いからである。

（国家一般職 基礎能力）

あまりにも普通な、あたりまえの内容。こういうのは正解にはならない。

読解問題では、デタラメな内容の文章を読解させたほうが、内容の予測がまったくつかないので、本当に読解力のある受験者しか正解できない。

　実際、就職適性検査ではそういう読解問題もある。

　しかし、そういうことは公務員試験ではできない。したがって、正解はある程度、正論ではある。

　ここで言っているのは「正論すぎる」という、程度の問題だ。

〔第1章〕✖肢がわかる裏ワザ ―これが✖肢の目印！―

内容のせまい選択肢は✖

公務員試験では決して正解にならない選択肢がある。

まずは1問！

> **過去問**
>
> 次の文の内容と合致するものとして最も妥当なのはどれか。
>
> （本文省略）
>
> **✖1** 木の文化は、地域の気候帯に固有の植生に支えられて形成されており、日本では、木の文化の産物である什器類が懐石を支えた。
>
> **2** 和食の底流に流れる東洋の思想は、輪廻の思想とモンスーンの風土に育まれた多様な生物群への敬意とが混ざり合って生まれた。
>
> **3** 和食の文化の大きな要素は出汁やうま味にあり、無形文化遺産に登録されず放置されれば、和食の文化は消失するという危機意識があった。
>
> **○4** 和食は日本の風土に支えられて文化として根付いており、和食の再認識には日本の風土の再認識が必要とされる。
>
> **5** 和食は環境に優しく、海外でも受け入れられているが、地域の食文化を消失させないように制御しようとする試みは、現代においても困難である。
>
> （国家一般職　基礎能力）

　他の選択肢はすべて「**和食**」の話をしているのに対して、**1**だけは和食の一種である「**懐石**」の話しかしていない。

1は、他の選択肢に比べて、内容がせまい。

こういうときには、**1**は✖なのだ。

裏ワザのキモ！

選択肢を比較して、他の選択肢よりも内容のせまい選択肢があったら、その選択肢は✖。

内容のひろい選択肢の中に正解がある。

さらに過去問を解いていこう！

過去問

次の文の内容と合致するものとして最も妥当なのはどれか。

（本文省略）

1　複雑化した技術の作動条件を前提とする人工的環境の下で人間が生活することは、選択と支配という関係性の逆転をもたらす要因となっている。

✖2　電気を前提とする新たな商品は、手軽な操作を提供することで、人間が電気を簡便に利用することを可能にし、原始的な道具よりも優位性を持つ。

✖3　人間は、個人の身体能力や感覚に依存しないライフスタイルを確立したことで、電気を前提とする新たな商品やサービスを生み出してきた。

4　消費者の利便性を追求した結果、電気の作動条件が発電所や送電網などであるように、あらゆる技術の作動条件が複雑化してきた。

○5 技術には、普及の程度や在り方により、社会を支配する要因となる可能性があるほか、社会に依存される現象も存在し、技術の社会基盤としての重要性も高まっている。

（国家一般職　基礎能力）

他の選択肢は**「技術」**の話をしているのに対して、**2**と**3**は技術の一部である**「電気」**の話しかしていない。内容のせまい**2**と**3**は✖だ。

過去問

次の文の内容と合致するものとして最も妥当なのはどれか。

（本文省略）

1　所有と経営が分離されると、経営者は出資者に対して、管理的アカウンタビリティよりも、受託資本の管理運用責任を果たす財務的アカウンタビリティの方を負うことが求められる。

2　企業に利益が生じていれば、資本運用責任が果たされているため、経営者の出資者に対する財務的アカウンタビリティは果たされている。

✖**3**　会計担当者が経営者に対して負う責任は、経営者が株主に対して負う責任と異なり、社会的・公共的なものを含むようになってきた。

○**4**　公的部門では、記録の正確性を保証するのみでは国民に対するアカウンタビリティを果たすことにならず、管理的及びプログラム・アカウンタビリティを果たすことが必要になる。

5　公的部門におけるアカウンタビリティとは、地域住民などの利害関係者への社会的影響や貢献度を測定し、伝達することである。

（国家一般職　基礎能力）

他は企業、経営者、行政の話なのに対して、**3**だけは**「会計担当者」**の話なのでせまい。

こういうときは、**3**は✖だ。

次の文の内容と合致するものとして最も妥当なのはどれか。

（本文省略）

✖ 1 プルーストの小説は、近代の人々が何者でもないという目覚めの
瞬間を繰り返し、それまで生きてきた過去を捨て去るという状態を
描いたことで、近代的自我の文学の到達点となった。

✖ 2 人生の持続に割り込もうとする死に対し、人々が必死に抵抗する
のは、死によって自分が永遠に実存しなくなり、見知らぬ他者に取っ
て代わられるというおびえがあるためである。

〇 3 近代世界の人々は、不安定な自分自身の存在感を取り戻すため、
それぞれの時代において自分の存在を証明するような信仰・思惟・
感覚における条件法を求めてきた。

✖ 4 「われ信ず」という信仰上の強迫的な教えは、近代世界が熟成す
るとともに疎外の感覚を募らせた人々によって否定され、「われ感
ず」という感覚上の解決形態に置き換えられた。

5 主体が持続するための条件法が、それぞれの時代において観念の
中の小理屈ではないことを理解することによって、我々は近代をそ
の総体として問題とすることができる。

（国家一般職 基礎能力）

　全体的に「**近代**」の話をしているが、**1**は「**プルーストの小説**」の話でせ
まい。✖だ。

　2は「**死**」の話で、これも「**近代**」よりせまい。✖だ。

　4も「**われ信ず**」という教えの話で、せまい。✖だ。

　3と**5**は「**近代**」全般についての話をしていて、他よりひろい。どちらか
が正解とわかる。

マトモに解くと正解がない

国語などの読解問題では、本当に読む力があったら正解がない、というのはよく言われることだが、これは公務員試験の文章理解などでも同じことだ。たとえば次の問題など、普通にまともに解いて、正解がわかるだろうか?

次の文の筆者が感じていることを最も適切に表わしているものはどれか。

我々は我々自身をはめこむことのできる我々の人生という運行システムを所有しているが、そのシステムは同時にまた、我々自身をも規定している。それはメリーゴーラウンドによく似ている。それは定まった場所を定まった速度で巡回しているだけのことなのだ。どこにも行かないし、降りることも乗りかえることも出来ない。誰をも抜かないし、誰にも抜かれない。しかしそれでも我々はそんな回転木馬の上で、仮想の敵に向けて、熾烈なデッドヒートをくりひろげているようにみえる。事実というものが、ある場合に奇妙にそして不自然に映るのは、あるいはそのせいかもしれない。我々が意志と称するある種の内在的な力の圧倒的に多くの部分は、その発生と同時に失われてしまっているのに、我々はそれを認めることができず、その空白が我々の人生の様々な位相に奇妙で不自然な歪みをもたらすのだ。

1 人生を変えるための努力を放棄したので、安堵感を覚える。

2 自分の人生と他人の人生は同じであると気づいたので、安心した気持ちになる。

3 人生を自分の意志通りにすることができないので、あきらめる。

4 人生は自分の力で切り開いていかなければならないので、孤独感にさいなまれる。

5 人生には奇妙で予想外のことが起こるので、満足した気持ちになる。

1が正解ということらしいが、私には答えがないとしか思えない。

こんな問題でも、裏ワザならきっちり正解がわかる。うまくやるというだけでなく、こんなところでも裏ワザの必要性を感じてしまう。

選択肢を比較して
正解を知る裏ワザ

この章で紹介する裏ワザは…

選択肢はややこしい。

どう手をつけ、どううまく見て、

正解を知るか。

選択肢のさばき方というか、

そういう基本的な裏ワザを紹介する。

これらは裏ワザのなかでも、

もっとも難しい。

しかし、身につけておくと非常に

有効であり、あらゆる択一式の

試験に応用できる。

レベル
2

話題の欠如している選択肢は✕

他の選択肢にある重要な話題が出てこない選択肢は✕。

まずは1問！

過去問

次の文の内容と合致するものとして最も妥当なのはどれか。

（本文省略　英文）

1　国が豊かになればなるほど、出生率が低下するという仮説が最近の研究により立証された。

2　フィラデルフィアの研究者たちは、米国内の時系列データを分析し、出生率に関する研究結果を発表した。

✕3　HDIを算出するには、従来用いられてきた一人当たりGDPなどに加えて新しい要素が必要であることが分かった。

4　HDIが0.86前後になるとそれまで一定していた出生率が下降しはじめ、そこから更に0.09ポイントHDIが上昇したところで出生率が底を打つことが分かった。

5　最近の分析によれば、HDI上位12か国の中には出生率が上昇に転じる例がみられる。

（国家総合職　基礎能力）

　5つの選択肢を比較する。意味はよくわからなくてもいい。表面的に比較する。

選択肢を比較すると、**1**、**2**、**4**、**5**には**「出生率」**という言葉が出てくる。**「出生率」**が本文で話題になっていることは、本文を読まずに選択肢だけを見ても、あきらかだ。

　ところが、**3**だけ**「出生率」**という言葉が出てこない。

　出てこない選択肢が１つあっても意外と気づけなかったりするが、そのつもりで選択肢どうしを比較すれば簡単に見つけられる。

　こういう重要な話題の欠けている選択肢は✖だ。

　この視点から✖にできる選択肢はけっこうある。ありがたいことだ。

裏ワザのキモ！

選択肢どうしを表面的に比較する！

これが肝心！　他の選択肢にある話題が、欠けている選択肢がないかさがす。そういう選択肢が１つだけあったら、その選択肢は✖。

前章では、その選択肢を見ただけでも✖とわかるものをあつかった。

　この章からはいよいよ、裏ワザの基本である**「選択肢どうしの比較」**という視点から問題を解いていく。

　まずは前章のつづき的に、簡単にしかも確実に✖肢がわかる見方から始めよう（絶対に例外がないとは言えないが、ほぼ確実と言っていい）。

　選択肢どうしを比べることで初めてわかる✖肢だ。

さらに過去問を解いていこう！

過去問

次の文の内容と合致するものとして最も妥当なのはどれか。

（本文省略）

1 人は、他者との関係のなかで倫理的な問題に直面し、初めてことばの重要性を認識するようになる。

✖2 私という存在が、仮に他者との関係性を欠いているとしても、私にとって倫理というものが全く意味を持たないわけではない。

3 私と他者との関係は、唯一ことばを媒介として成り立っているため、他者に向けることばは必然的に倫理性を帯びることになる。

○4 ことばの使用が可能であることと倫理が成立することは、他者との関係のなりたちを不可欠としているという点で同じ存在基盤を有している。

5 人はことばを適切に使用することによって、初めて倫理的に意味のある他者との関係を成り立たせることができる。 （国Ⅰ 教養）

「**他者との関係**」「**倫理**」「**ことば**」というのがどの選択肢にも出てくる。しかし、よく見ると、「**ことば**」が**2**にだけは出てこない。

選択肢を内容で比較していると、こういう欠落に意外と気がつけない。自分で補って読んでしまうのだ。表面的に比較してみると、簡単に気づくことができる。それだけで**2**は✖とわかるのだ。

（ちなみに、**2**が✖ということは「倫理には他者との関係性が欠かせない」ということで、そう言っている**4**が正解とわかる）

気体に関する記述として最も妥当なのはどれか。

1　圧力を一定にしたまま気体の温度を上昇させると、気体の体積は膨張するが、体積は絶対温度の2乗に比例しており、この比例定数を気体定数と呼ぶ。

2　同じ温度で圧力が異なる二種類の気体1ℓずつを、容積1ℓの密閉容器に入れ、温度を変えずに保つと、これらが反応を起こさなければ、混合気体の圧力はもとの気体の圧力の和になる。

✖3　温度が絶対零度の付近まで下がると、気体は液体を経て固体となるが、融点は分子間力の強弱で決まるため、水素は、結合に極性のあるヘリウムよりも融点が低い。

4　温度を一定にしたとき、一定量の液体に溶け込む気体の質量は、圧力に反比例するため、炭酸水に高い圧力をかけると二酸化炭素が吹き出てくる。

5　実在の気体は分子の熱運動や蒸気圧が影響し、理想気体の状態方程式からずれを生ずるが、一般に低温・高圧になるほどそのずれは小さい。

（国Ⅱ 教養）

　文章理解以外の問題でも同じこと。

「**圧力**」や「**圧**」がくり返し出てきて、あきらかに重要な話題と思われるのに、**3**だけは出てこない。

　3は✖だ。

次の古文の要旨として最も妥当なものはどれか。

（本文省略　古文）

1 もともと能力のある人は努力をしなくても、人の上に立つ実力はつくものである。

2 生まれつきの能力もないのに、上手な人たちのなかに交じって失敗し笑われたりするのは、みっともない。

3 天才といわれる人でもちょっとした間違いに挫折して、博士になり損なうのはよくあることである。

✘4 芸能を身につけるとき、内々で習得してから人前に出るのが奥ゆかしく、成功の道である。

5 天分に恵まれなくても、その道のきまりを守り、気ままにふるまったりしなければ、師と仰がれることにつながるものである。

（地上 教養）

このように、まったく同じ言葉でなくても、同じことを言っていれば、同じ話題だ。

4にだけは、「**天才**」といった種類の話題が出てこない。**✘**だ。

過去問

次の文の内容と合致するものとして最も妥当なのはどれか。

(本文省略)

1 イギリスでは、自分の思想の中心に自分がいれば、思想の中の一部を切り捨てて妥協することは困難ではないと考えられている。

✖2 イギリス人から見ると、日本人のように、妥協を否定的にとらえながらそれを慣習としているのは、論理に一貫性のない節操のない態度である。

3 イギリス人は、同じ生活圏にある人々には、客観的な論理の糸のようなものが存在し、妥協することなく共通の考えが成立すると考えている。

4 イギリスで妥協することが積極的に評価されるのは、彼らの社会が共通する軸となる思想を持っているからである。

5 イギリスでは、妥協することができないと、自分の中の思想がバラバラに存在し、確固たる思想がないと受け取られる。

(国Ⅱ 教養)

他の選択肢はすべて「**イギリス**」や「**イギリス人**」の話をしているのに対して、**2**だけは「**日本人**」の話も出てくる。

このように、他のすべての選択肢にない話題が、たったひとつだけ出てくる選択肢も✖だ。

話題が欠如している選択肢だけでなく、余計な話題が足してある選択肢も✖ということだ。

次の文における筆者の「古代人の夢」の理解として、妥当なものはどれか。

(本文省略)

1　夢は、自己が持つ<mark>他者性</mark>であり、夢との出会いによって<mark>回心</mark>という自己超越が可能となるが、それはもう一つの確固たる<mark>現実</mark>として古代人に受容されてきた。

✘2　夢は、啓示を求めて自己の内面から浮遊する魂が<mark>他者</mark>の魂と遭遇する場であり、そこでは両者の劇的な融合である<mark>回心</mark>が実現されると古代人に理解されていた。

✘3　夢は、自己の魂が眠りでも覚醒でもない半覚醒の超現実的な世界において<mark>回心</mark>を遂げるための手段であり、古代人には<mark>現実</mark>以上の意味を持っていた。

4　夢は、自己意識が<mark>他者性</mark>を映し出す鏡であり、そこに生成される<mark>他者</mark>の魂を通して古代人は、<mark>現実</mark>ではなしえない<mark>回心</mark>という経験を実現してきた。

✘5　夢は、自己の魂が<mark>他者</mark>の魂へと向かう回路としての意味を持つものであり、古代人はこの回路を通して、<mark>覚醒時</mark>には困難な宗教的理解を得ていた。

(国Ⅰ 教養)

ど

の選択肢もかなり意味がつかみにくい。

省略した本文はさらに難解だ。

こういう場合でも、選択肢どうしを表面的に比較するだけで、✘肢がわかる。

他の選択肢にはある「**回心**」という話題が、**5**だけない。

5は**✘**。

これで終わりではない。

さらに、他の選択肢にはある「**他者（性）**」という話題が**3**にだけはない。

3も✖だ。

さらに、**1**、**3**、**4**にある「**現実**」という話題が、**2**と**5**にはない。

ただ、よく見ると、**5**には「**覚醒時**」と、意味的に近いものがある。

2だけが、夢の話しかしていない。

2も✖だ。

このように、〝**話題**〟だけで複数の✖肢がわかることがある。

といっても、たいていは１つか２つで、３つ以上ということはあまりない。

（ちなみに、この問いの正解は**1**）

なお、重要ではない話題が欠けているのはもちろん✖ではない。重要そうかどうかは選択肢だけを見てもわかるはずだ。

グループ分け

選択肢の共通性に目をつけ、共通性（話題、内容、言い回し、
ニュアンス、形……）によって、いくつかのグループに分ける。

まずは1問！

過去問

次の文の要旨として妥当なものは、次のうちどれか。

（本文省略　英文）

✗1　新しい<u>問題</u>に直面すると人間は想像力と推理力によって<u>解決を図</u>
<u>る</u>が、動物は実際に試行錯誤を繰り返してある結果に落ち着く。

✗2　想像力とは、実在しないものを思い描くことであり、推理力とは
実際に起こったことを筋道を立てて説明することであって、ともに
<mark>動物にはなく人間に固有</mark>の資質である。

○3　想像力や推理力は<mark>動物にはなく人間に固有</mark>の資質とされてきたが、
推理力とは想像力を働かせて<u>問題を解決する</u>能力だとするならば、
動物にもそのような資質があるといえる。

✗4　想像力や推理力は<mark>人間に固有</mark>のものではなく、動物でも訓練に
よって習得することができ、行動の結果を正確に予測することがで
きるようになる。

✗5　最近の実験によれば動物にも想像力や推理力があり、<u>問題解決</u>の
際に人間が優れた能力を発揮するのは、想像力と推理力を同時に働
かせるからである。

（地上 教養）

選択肢を一通り読んでいくと、想像力と推理力が人間だけのものか、動物にもあるものかという話なのは、誰にでもわかるはずだ。

　で、選択肢によって、動物にもあると言ったり、ないと言ったりしている。

　つまり、「**ある**」と言っている選択肢と、「**ない**」と言っている選択肢にグループ分けできるということだ。

　3、**4**、**5**は動物にも「**ある**」と言っている。**2**は「**ない**」と言っている。**1**は「**ない**」のほうにとれるが、他の選択肢とちょっと話題がズレている。

　つまり、**3**（**345**）・**1**（**2**）・**1**（**1**）ということで、こういう場合、**3**（**345**）のうちに正解がある。**1**、**2**は✖とわかる。

　グループ分けは一度だけでやめるものではない。何回でも、できるだけしよう。

　そのとき、すでに✖とわかっている選択肢も無視せず、それも含めてぜんぶの選択肢をグループ分けする。これが大切なことだ。

　だから、**1**、**2**はすでに✖とわかっているわけだが、これらも含めてぜんぶの選択肢を比較する。他に選択肢間の共通性はないか。

　すると、**1**、**3**、**5**では、「**問題を解決**」するということが共通して話題になっている。**2**、**4**にはそれが出てこない。つまり、**3**（**135**）・**1**（**2**）・**1**（**4**）に〝**グループ分け**〟できる。それによって、**4**も✖とわかる。

　さらにグループ分けできないか。

　2、**3**、**4**には、「**人間に固有の**」という共通した言い回しが出てくる。**1**、**5**には出てこない。つまり、**3**（**234**）・**1**（**1**）・**1**（**5**）に〝**グループ分け**〟できる。それによって、**5**も✖とわかる。

　共通性のいちばん重なっている選択肢は、**3**である。

　そして、正解は**3**なのである。

選択肢にはなんらかの共通性があるものだ（ない場合もあるが）。選択肢どうしを比較して、その共通性によって選択肢をグループ分けするのだ。そうすることで、そうしなければ気づけないことに気づける。

裏ワザの根幹と言える、基本中の基本のテクニックが、〝グループ分け〟だ。

グループ分けするだけで正解まで行き着くことは少ないが、下ごしらえの裏ワザとして非常に有効であり、欠かせない。

さらに例を挙げる前に、グループ分けについてまとめておこう。

○グループ分けの仕方のコツは以下のとおり

① 細かいちがいにこだわらずに、大きくつかんで分ける

② 選択肢全体のことでなくても、細部の共通性で分ける

③ 1つの視点からグループ分けした後も、別の視点からできないか見てみて、できるだけ何回もグループ分けする

④ 別の共通性からグループ分けするときは、前のグループ分けで✗とわかっている選択肢を無視してはいけない。それも含めて新たにグループ分けする

○グループ分けの「正解のありか」の判断の仕方は以下のとおり

1　基本的には、数の多いグループのほうがプラス

4・1 の**1**になる選択肢は✖（ただし「逆グループ分け」の場合がある）。

3・2 くらいでは、どちらに正解があるかはハッキリとは言えない（**3**のほうがいくらかプラスではあるが）。

3・1・1 なら、**3**がかなりプラス。

2　前にちがうグループだった選択肢と、次に同じグループになる選択肢がプラス

ようするに、「なるべくたくさんの選択肢と、異なる共通性をもっている選択肢が正解」ということだ。

たとえば **1** と **2** の選択肢が10の共通性をもっていたとしても、**3**の選択肢が他の **1**、**2**、**4**、**5** とそれぞれ異なる共通性を1つずつもっていたとすれば、数では4つと劣っても、**3**のほうがはるかにプラスで、正解は**3**なのだ。

3　グループ分けで、**4・1** の**1**になって✖とわかるような選択肢は、明らかな大✖肢と言えるが、それとただ1つ強い共通性をもつ選択肢があったら、それが正解

グループ分けで仲間外れになるような、他と大きくちがう選択肢をなぜ並べているかというと、やはり正解の要素をもっているからだ。

それも、他のニセの選択肢にはないものをもっているからこそ、グループ分けで仲間外れになる。

つまり、そのニセの選択肢と共通性をもっている選択肢こそが、正解ということだ。

さらに過去問を解いていこう！

過去問

　甲所有の土地について、甲の知らない間に乙名義の所有権移転登記がなされていたので、甲は乙を相手取ってその所有権移転登記の抹消を求めて出訴し、甲勝訴の判定が確定した。しかし、この判決に基づく抹消登記がなされていなかったところ、税法上、固定資産税については賦課期日（１月１日）に所有者として登記されていれば、４月１日に始まるその年度内は納税義務者とされるため、乙が登記名義人として本件土地に関する固定資産税の一部を支払った。

　上記の法律関係に関する次の記述のうち、判例に照らして妥当なものはどれか。

1　乙は実質上の納税義務者ではないので、すでに支払った分について、実質上の納税義務者たる甲に不当利得の返還請求ができる。

2　本件課税は真の所有者に対する課税ではないので、課税行為は無効であり、乙は国に対してすでに納付した分の返還請求ができる。

✘3　本件課税は真の所有者に対するものではないという点で瑕疵あるものであるが、瑕疵が明白でないので、無効ではなく取り消しうべき課税処分となる。

4　固定資産税は登記簿上の所有名義人に対して課されるものであるので、乙の支払いは完全に有効であり、乙は甲および国のいずれに対しても、すでに納付した分の返還を求めることはできない。

5　固定資産税は本来真の所有者に対して課されるべき性質のものであるが、現実に登記が抹消されない限り、乙は甲および国のいずれに対しても、すでに納付した分の返還を求めることはできない。

（地上 専門）

ち まちまとちがいのある選択肢は、何がなんだかわからなくなりやすい。選択肢のポイントをつかむことが大切である。

つまり、何が重要で、選択肢間にはどういうちがいがあるのか。

重要なのは、選択肢間にくり返し出てくることであり、その部分のちがいを見極めることが大切だ。

「グループ分け」は選択肢をテキパキと整然と見るためにも有効である。

この問いの選択肢のほとんどは、「返還請求」について述べていて、それが「できる」と言っているものと「できない」と言っているものがある。

つまり、「できる」と言っている1、2と（請求の相手にちがいがあるが、「グループ分け」はまずは大まかにとらえるのがコツ。次の段階で細かく見る）、できないと言っている4、5と、「返還請求」という話題の出てこない3の、2・2・1に分けられる。

2・2・1だと、1はまず✖だ。つまり、3は✖とわかる。

「グループ分け」での絞り込みはここまでだが、選択肢はかなり整理されていて、この先を考えるのに、やりやすいはずだ。

（なお、この問いはこの先、他の裏ワザを使って正解までたどりつけるのだが、それはまた別に。ちなみに、正解は1だ）

オリンピックの歴史に関する次の記述のうち、妥当なものはどれか。

✗ 1 1972年のミュンヘン大会では、ニュージーランドが南アフリカ共和国とラグビー交流をしたことに反発し、アフリカ諸国が選手団を引き揚げた。

✗ 2 1976年のモントリオール大会では、選手村に侵入したアラブ・ゲリラがイスラエル選手を殺害するという事件が発生した。

3 1984年のロサンゼルス大会では、アメリカのオリンピック憲章違反を理由にソ連が大会をボイコットしたが、<u>中国はこれに呼応せず参加した。</u>

4 1980年のモスクワ大会では、ソ連のアフガニスタン侵攻に抗議してアメリカやカナダ、西ドイツが不参加であったが、<u>日本はこれに追従せず参加した。</u>

5 1988年のソウル大会では、北朝鮮が南北統一開催を主張して譲らずに不参加を決定し、<u>中国もそれに呼応して不参加を表明した。</u>

（地上 専門）

3、**4**、**5**は、「**参加**」したかどうかという話題が共通して出てくる。

1も近いが、ちょっとちがう。

2はまるでちがう話題。

3・**1**・**1**で、**3**がかなりプラス。

で、その**3**のなかに「**中国**」が2つ出てくる。これはどちらかがアヤシイ。

実際、正解は**3**である。

次の英文の内容と合致するものとして最も妥当なのはどれか。

(本文省略 英文)

1 STEM分野で、初めて子供を持ってから3年以内にフルタイムで働くことをやめた人の割合についてみると、<u>女性</u>が<u>男性</u>の2.5倍以上である。

2 STEM分野では、子供を持つ親のキャリアパスの問題よりも、<u>女性</u>と<u>男性</u>の賃金差がより大きな問題であると捉えられている。

3 初めて子供を持った人では、<u>女性</u>も<u>男性</u>も、フルタイムで働くことをやめてパートタイムでSTEM分野に残る人の割合が最も多く、完全に仕事をやめてしまう人はほとんどいない。

4 生命科学の分野は、工学やコンピューターサイエンスの分野よりも<u>女性</u>にとって働きにくい状況にあると考えられているが、実際には工学などの分野の方が働きにくいことが分かった。

✗5 STEM分野は、どのような人にとってもやりがいがある職業分野であり、また、他の職業分野ほど激務ではないと一般に受け止められている。

(国家総合職 基礎能力)

1〜4は「**女性**」「**男性**」の話をしているのに、**5**だけはそれが出てこない。
4・**1**で、**1**の**5**は**✗**。

レベル2 〔第2章〕選択肢を比較して正解を知る裏ワザ

同じ言葉

選択肢間の同じ言葉、同じような言葉をチェックする。
（グループ分けで大きく見て、同じ言葉で細かく見る）

まずは1問！

過去問

次の文の内容と一致している記述はどれか。

（本文省略　古文）

● **1** 久しぶりのわが家にやっとたどり着いたが、夜半なので留守を守る者を大声で起こすわけにもゆかない。家の荒れように疲れも増す思いでつらいが、礼儀は守ろうと思う。

▲★ **✕2** わが家に戻ったうれしさも家のあまりの荒れように半減してしまった。隣人に無理に預かってもらったのはやはり失敗だったようで、お礼の気持ちも失せてしまう。

□◎ ● **3** 久しぶりのわが家は、あれほど言っておいたかいもなく荒れていた。たびたびの要求に応えて金品も届けていたのに、家を預けておいた人の心は何と荒んでいることか。

◎▲★● **4** 久しぶりのわが家のあまりの荒れように、留守を頼んだ隣人に対する不満がつのり 声も出ない有り様だ。腹が立って お礼をする気持ちにもなれない。

□◎▲★● **〇5** 久しぶりのわが家は非常に荒れていた。家の管理は隣人のほうから望んで引き受けてくれ、そのうえ折りに触れて贈り物もしていたのに まったくひどい人だと思うが、お礼だけはしておこう。

↓　↓　↓　↓　↓
贈　ひ　隣　お　久
り　ど　人　礼　し
物　い　　　　　ぶ
　　　　　　　　り

（地上 教養）

「わが家」のようにすべての選択肢にあるものはチェックしない。**1**の「**やっとたどり着いた**」のように他の選択肢にないものもチェックしない。

　まず「**久しぶり**」というのが**1**、**3**、**4**、**5**にはあるが、**2**にはない。これはチェックだ。

　次に「**お礼**」というのが、**2**、**4**、**5**に出てくる。

　家を預けた相手を**2**、**4**、**5**では「**隣人**」としている。

「**金品を届けていた**」「**贈り物をしていた**」という同じような言葉が、**3**と**5**にある。

　家を預けていた相手を、**3**、**4**、**5**では、「**心は何と荒んでいることか**」「**不満がつのり……腹が立って**」「**まったくひどい人だと思う**」というふうに、悪く言っている。

　こうしていくと、自然、**5**の選択肢が浮かび上がってくる。

　正解は**5**である。

なぉ、〝**同じ言葉**〟で正解を判断していいのは、選択肢間に同じ言葉がたくさんあるとき。数の少ないときはこの裏ワザだけで正解を判断してはいけない。

裏ワザのキモ！

　選択肢どうしを比べて、共通する言葉をチェックしていく。正解の判断の仕方は、〝グループ分け〟と同じで、より多くの選択肢とより多くの共通性をもっている選択肢が正解。大✖肢（仲間外れの度合いの激しい選択肢）との共通性は大プラス。

さらに過去問を解いていこう！

次の文の筆者は現代の企業の状況をどのようなものとしてとらえているか。

（本文省略）

1 <u>企業は消費者の潜在的需要を発掘する</u>という非プログラム的仕事にも対処しなければならず、作業のいっそうの効率化が求められている。

2 <u>新商品の開発は結局消費者の見えないニーズを掘り起こすことであり</u>、消費者と企業との緊密な関係が生まれている。

3 近代産業社会では、時間に関する合理主義と目的志向的行動が求められ、大規模な集団が有利であったが、現代では企業よりも個人の役割が増している。

4 機械的なものよりも個人の独創性が重んじられるようだが、個人のひらめきや情報が商品形成に参加させられ、知らないうちに企業が個人を管理してしまう。

○5 企業が目指すものは既成のものを大量に生産することよりもむしろ、<u>社会が求めているものの探求、消費者の秘められた需要の発掘</u>であるので、時間に関する合理主義も変化のきざしをみせている。

（地中 教養）

「消費者のニーズの発掘」 といった部分が、**1**、**2**、**5**にある。これは重要そうだ。

で、それがない**3**、**4**のうちの**3**と、**5**は「**時間に関する合理主義**」という同じ言葉をもっている。

つまり、重要な共通性をもっている**1**、**2**、**5**のなかで、その共通性をもっていない**3**と、唯一他の共通性をもっているのが**5**である。

　これはあとで〝**絡み合い**〟のところで説明するが、こういう場合は、2つの同じ言葉だけでも、**5**が正解と判断していい。

　なお、**3**と**4**は「**個人**」という同じ言葉をもっている。このように、ニセの選択肢どうしが同じ言葉をもつ場合もある。

〝**グループ分け**〟と〝**同じ言葉**〟は裏ワザの基本だ。

　ややこしく感じられたかもしれない。

　しかし、説明するとなんだかややこしくなってしまうのだが、実際にやってみて、なれるとなんてことないことがある。これらがまさにそれだ。

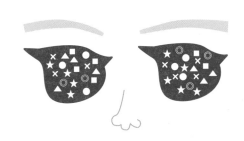

〔第2章〕選択肢を比較して正解を知る裏ワザ

対応・そのまま

本文をよく理解しないまま表面的にさっと見て、本文そのままの選択肢は✖。対応が欠けている選択肢も✖。対応していて、そのままではないほどプラス。

まずは1問！

過去問

次の古文の要旨として最も妥当なものはどれか。

能をつかんとする人「よくせざらんほどは、なまじひに人に知られじ。うちうちよく習ひ得て、さし出でたらんこそ、いと心にくからめ」と、常に言ふめれど、かく言ふ人、一芸も習ひ得ることなし。いまだ堅固かたほなるより、上手の中に交じりて、そしり笑はるるにも恥ぢず、つれなく過ぎて嗜む人、天性その骨なけれども、道になづまず、みだりにせずして年を送れば、堪能の嗜まざるよりは、終に上手の位にいたり、徳たけ、人に許されて、双びなき名を得ることなり。天下の物の上手といへども、始めは不堪の聞こえもあり、無下の瑕瑾もありき。されども、その人、道の掟正しく、これを重くして放埒せざれば、世の博士にて、万人の師となる事、諸道、変るべからず。

1 もともと能力のある人は努力をしなくても、人の上に立つ実力はつくものである。

2 生まれつきの能力もないのに、上手な人たちのなかに交じって失敗し笑われたりするのは、みっともない。

✖3 天才といわれる人でもちょっとした間違いに挫折して、博士にな

り損なうのはよくあることである。

　4　芸能を身につけるとき、内々で習得してから人前に出るのが奥ゆ

　　かしく、成功の道である。

　5　天分に恵まれなくても、その道のきまりを守り、気ままにふるまっ

　　たりしなければ、師と仰がれることにつながるものである。

（地上 教養）

珍しく本文を載せる。本文と選択肢の関係に関する裏ワザだからだ。
「本文を読んで解くのなら当たり前」と思うかもしれないが、本文を理解し
ろというわけではないから安心してほしい。

裏ワザのキモ！

本文そのままの選択肢は✖。これがいちばん大切。
本文に対応していない選択肢も✖。
本文に対応していて、そのままではないのが正解。

　他の選択肢は、**1**「**人の上に立つ**」、**4**「**成功の道**」、**5**「**師と仰がれる**」
と、ごく普通の一般的な表現なのに、**3**だけは「**博士**」という言葉が唐突に
出てくる。

　なぜこんな言葉が突然出てくるのか？　それは本文に「**博士**」という言葉
が出てくるからである。どんなに古文がわからない人が見てもわかるその言
葉を選択肢に入れることで、表面的にしか本文を読めていない受験者を釣ろ
うというわけだ。

　逆に✖肢の目印として、ありがたく消去させてもらおう。

さっと見ただけで受験者が誰でもすぐに内容が理解できるような本文は出題されない。

当然のことながら、多くの受験者には理解が難しいものが出される。

よく内容が理解できない受験者が、どういうことをしがちかというと、わからないなりに本文を見て、少しでも合致していると思える選択肢を選ぶということだ。

そのとき、内容はよくとれていないのだから、どうしても表面的な類似で選択肢を選ぶことになる。

で、出題者のほうは、そういう受験者が正解してしまわないように、正解は本文となるべく表面的には類似していないようにする。

そして、表面的に類似したニセの選択肢をならべておいて、そういう受験者はそっちにひっかかって間違えるようにする。

ということは、これを逆手にとらせてもらうと、つまり、本文をさっとながめてよく内容を理解しないで選択肢を見て、正解に思える選択肢は、✖と思っていいということだ。

さらに過去問を解いていこう！

過去問

次の文章の主旨として、妥当なものはどれか。

（長文中の一文のみ抜粋）

Perhaps *giri and ninjo* (mutual obligations and human feelings) are more binding as behavioral codes than laws and regulations. Importance is attached to sincerity and faith in fulfilling an agreement.

✗ 3 日本人が権利意識に乏しかった理由は、絶対権力の支配が長く続いたという政治的要因よりも義理・人情の重視という文化的要因に求められる。

✗ 4 他人の権利は尊重しつつ、自己の権利は強く主張しないという行動様式は、義理・人情を行動規範として重んじる文化が背景となっている。

（国Ⅰ 教養）

giri and ninjo のような、イタリックになっていて、しかも日本語で、英文中で目立っていて、読解するまでもなく理解できる部分との一致もクセモノだ。

5つの選択肢のうち、2つだけにそのまま「**義理・人情**」が入っている。こういう場合、両方とも✗だ。

次の文の内容と一致している記述はどれか。

　家にいたりて、門に入るに、月あかければ、いとよくありさま見ゆ。聞きしよりもまして、いふかひなくぞこぼれ破れたる。<mark>家にあづけたりつる人の心も、荒れたるなりけり</mark>。中垣こそあれ、ひとつ家のやうなればのぞみてあづかれるなり。さるは、便りのごとに、ものもたえず得させたり。こよひ、「かかること。」と、<u>声高にものもいはせず</u>。いとはつらく見ゆれど、<u>こころざしはせんとす</u>。

✕1　久しぶりのわが家にやっとたどり着いたが、夜半なので留守を守る者を<u>大声で起こすわけにもゆかない</u>。家の荒れように疲れも増す思いでつらいが、礼儀は守ろうと思う。

2　わが家に戻ったうれしさも家のあまりの荒れように半減してしまった。隣人に無理に預かってもらったのはやはり失敗だったようで、お礼の気持ちも失せてしまう。

✕3　久しぶりのわが家は、あれほど言っておいたかいもなく荒れていた。たびたびの要求に応えて金品も届けていたのに、<mark>家を預けておいた人の心は何と荒んでいることか</mark>。

✕4　久しぶりのわが家のあまりの荒れように、留守を頼んだ隣人に対する不満がつのり<u>声も出ない</u>有り様だ。腹が立ってお礼をする気持ちにもなれない。

5　久しぶりの我が家は非常に荒れていた。家の管理は隣人のほうから望んで引き受けてくれ、そのうえ折りに触れて贈り物もしていたのにまったくひどい人だと思うが、お礼だけはしておこう。　　　（地上 教養）

前項でもあつかった問題だが、別の角度からも見ておくことにしよう。まず、本文そのままの選択肢は✕だ。

本文に「**家にあづけたりつる人の心も、荒れたるなりけり**」というのがある。そして、**3**に「**家を預けておいた人の心は何と荒んでいることか**」というのがある。これはほとんど本文そのままだ。どんなに古文ができない人でもそう思うはずだ。本文とよく合致しているから、それだけこの選択肢は正解の可能性が高い、なんて思うようでは、択一式で滅びる。これはそれだけマイナスだと思わなければならない。これほど本文そのままの選択肢が正解になるということはまず考えられない。こういう場合は、そこの部分が正しくても間違っていても、どちらにしても、その選択肢は✘である。つまり、**3**は✘ということだ。

　また、本文に「**声高にものもいはせず**」とある。そして、**1**には「**大声で起こすわけにもゆかない**」、**4**には「**声も出ない**」というのがある。ぜんぶの選択肢にそういう部分があるのならともかく、この2つだけだ。とすると、これも本文そのままで✘だ。つまり、**1**と**4**は✘とわかる。

　それから、対応する部分がないというのも✘だ。

　3の選択肢。他の選択肢には、本文の「**こころざしはせんとす**」という部分に対応すると思われる、**1**「**礼儀は守ろうと思う**」、**2**「**お礼の気持ちも失せてしまう**」、**4**「**お礼をする気持ちにもなれない**」、**5**「**お礼だけはしておこう**」という部分があるのに、**3**だけにはない。これは✘だ。

　対応が悪いのも✘。

　4は「**不満がつのり**」「**腹が立って**」と2回も同じことが出てくる。本文の1カ所に対して、2回対応していると思われ、これは対応が悪い。✘だ。

　なお、他の選択肢に比べて、ちゃんと本文と対応していて、なるべくそのままではないものが正解である。

　さて、以上のうち、いちばん大切なのは、「そのままは✘」ということだ。これは気づきやすいし、よくあるからだ。

レベル

2

対立・共立

選択肢の対立、共立に注意すると、正解がわかることがある。
対立する選択肢の中に正解がある。

まずは1問！

過去問

営業の自由とその制約に関する次の記述のうち、妥当なものはどれか。

✘1　営業は自由であり、国家的必要があってもある業種を独占できる
ものではないから、国民はどのような営業をもこれを選んでなしう
る。

✘4　営業の自由は法の下の平等の原則により何人に対しても適用され
る原則であり、特定の職業または地位の人に限って制限することは
できない。

(地上 専門)

裏ワザのキモ！

似すぎている選択肢は両方とも✘。

対立している選択肢のどちらかが正解！

1も**4**も結局、「**営業は自由であり、どんな営業でもやっていい**」という同じことを言っている。

　どちらかが✖で、もう一方が正解というほど内容に差がない（これが見分けるポイント！）。

　もちろん、厳密にいえば、どちらか一方を選ぶことは可能だ。

　しかし、正解と✖肢というのは、正解のみが正解になるように、もっとハッキリ内容に差がつけてある。

　つまり、これほど似ている場合には、両方とも✖肢ということだ。

　✖肢どうしはいくら似ていたってなんの問題もないわけだから。

さらに過去問を解いていこう！

過去問

　民法上の詐欺による意思表示に関する次の記述のうち、正しいものはどれか。

✖2　詐欺をすることを目的とする契約、たとえば甲が書類を詐取したら乙が礼金を払うといった契約は、詐欺による契約として無効である。

✖4　詐欺による契約であることが民法上確定した場合は、その契約は取消しを待たず当然に無効となる。

（地上 教養）

「詐欺の契約は無効」ということで、だいたい同じ内容である。こういうのは両方✖なわけだ。

過去問

　甲所有の土地について、甲の知らない間に乙名義の所有権移転登記がなされていたので、甲は乙を相手取ってその所有権移転登記の抹消を求めて出訴し、甲勝訴の判定が確定した。しかし、この判決に基づく抹消登記がなされていなかったところ、税法上、固定資産税については賦課期日（1月1日）に所有者として登記されていれば、4月1日に始まるその年度内は納税義務者とされるため、乙が登記名義人として本件土地に関する固定資産税の一部を支払った。

　上記の法律関係に関する次の記述のうち、判例に照らして妥当なものはどれか。

✖4　固定資産税は登記簿上の所有名義人に対して課されるものであるので、乙の支払いは完全に有効であり、乙は甲および国のいずれに対しても、すでに納付した分の返還を求めることはできない。

✖5　固定資産税は本来真の所有者に対して課されるべき性質のものであるが、現実に登記が抹消されない限り、乙は甲および国のいずれ

に対しても、すでに納付した分の返還を求めることはできない。

（地上 専門）

これも「**固定資産税を登記簿上の所有者が支払った場合、それは返還請求できない**」という内容で一致している。両方とも✖だ。

過去問

下文の要旨として妥当なものはどれか。

（本文省略　英文）

〇1　イギリスの店では普通、品物の値段は公正で、値引きをすることはない。

✖2　イギリスの店ではパリと同様に客が値切れば負けてくれる。

✖3　イギリスの店では常連客に対しては値引きするが、普通は値引きをしない。

✖4　イギリスの商売人は客によって態度を変え、品物の値段も客を見て決める。

✖5　イギリスでは品物の値段は売り手と買い手の駆け引きで決まる。

（地上 教養）

2の「**客が値切れば負けてくれる**」ということは、**5**の「**値段は売り手と買い手の駆け引きで決まる**」ということだ。この2つの選択肢のどちらか1つが正解で、もう一方は✖ということは考えられない。つまり、両方✖。

3の「**常連客に対しては値引きするが、普通は値引きをしない**」というのは、**4**の「**客によって態度を変え、品物の値段も客を見て決める**」ということだ。両方とも✖。

残るは**1**しかなく、正解は**1**とわかってしまう。

憲法35条の規定する令状主義の原則に関する次の記述のうち、判例に照らして妥当なものはどれか。

1 憲法35条は刑事手続きに関する規定であるから、行政手続きのように刑事責任追及を目的としていない手続きには適用されない。

2 憲法35条の例外として無令状で捜索・押収が認められるのは、憲法33条の現行犯逮捕の際の捜索・押収の場合だけである。

○**3** 証拠物の押収等の手続きに令状主義の精神を没却するような重大な違法があり、これを許容することが、将来における違法な捜査の抑制の見地からして相当でないと認められる場合には、<u>証拠能力は否定されるべきである</u>。

4 証拠物の押収の手続きに重大な違法があったとしても、証拠としての価値に変わりはない以上<u>証拠能力が否定されるわけではなく</u>、手続きの違法は民事訴訟での損害賠償の問題となるにすぎない。

5 押収令状には押収する物の記載が必要であり、この記載は押収対象を具体的かつ正確に特定してなされなければならない。

(地上 専門)

次に、似ていて対立している選択肢はどちらかが正解のことが多いということについて。

どういうことかというと、たとえばこの問いの**3**と**4**の選択肢。

よく似ている。そして、**3**は「**証拠能力は否定される**」、**4**は「**証拠能力が否定されるわけではなく**」と、完全に対立している。

こういうのが、似ていて対立しているということだ。

こういう場合、そのどちらかの選択肢が正解のことが多い（確実とはいえないが）。

実際、この問題でも、正解は**3**である。

日本国憲法第19条の「思想及び良心の自由」に関する記述として、妥当なものはどれか。

1 「思想及び良心の自由」とは、いわゆる「内心の自由」という概念よりはひろく、その思想及び良心の発表としての外部的行動の自由を含む。

○2 「思想及び良心の自由」の保障は、その性質上<u>絶対的な保障</u>であり、「公共の福祉」を理由とする制約は認められない。

3 思想の自由の保障は、原則としていかなる思想にも適用されるが、憲法の基本原理そのものを否定しようとする思想については、憲法による<u>保障は及ばない</u>。

4 明治憲法においても、「思想及び良心の自由」が規定されていたが、天皇の絶対的権威からの自由はなく、きわめて限られたものであった。

5 本条の規定は、国または公共団体と個人の関係を規律するだけでなく、私人相互の関係で直接規律する場合がある。

(地上 専門)

　選択肢が５つあるなかで、**2**と**3**の選択肢はよく似ている。そして、**2**は**「『思想及び良心の自由』の保障は、その性質上絶対的な保障」**と言っているのに対し、**3**は**「憲法の基本原理そのものを否定しようとする思想については、憲法による保障は及ばない」**と、その絶対性を否定していて、内容が対立している。

　このどちらかが正解の可能性が高いわけだが、実際、正解は**2**である。

機関委任事務に関する次の記述のうち、妥当なものはどれか。

1 市町村長が国の機関として処理する事務については、市町村長は
国の指揮監督は受けるが、都道府県知事の指揮監督は受けない。

○**2** 都道府県知事は、市町村長の機関委任事務の処理が成規に違反す
ると認めるときは、その処分を停止することができる。

3 地方議会は、地方公共団体の長に対する機関委任事務に関して、
長に説明を求めたり意見を述べたりすることはできない。

4 都道府県知事の機関委任事務処理が主務大臣の処分に違反すると
きは、主務大臣は、内閣総理大臣の承諾を得て処分違反行為の是正
を命ずることができる。

5 国の機関委任事務は地方公共団体の機関に委任されたものである
から、その限度で国の事務ではなく、地方議会は法律の委任がなく
てもこれに関して条例を制定することができる。

(地上 専門)

1の選択肢は「**市町村長は国の指揮監督は受けるが、都道府県知事の指揮
監督は受けない**」、**2**は「**都道府県知事は**」「**その処分を停止することができ
る**」と言っている。他の部分のちがいはどうでもいい。こういうふうに、あ
る事柄について、一方は「**できる**」と言い、もう一方は「**できない**」と言っ
ているような対立があるときは、どちらかが正解の可能性が高い。

ここでは**2**が正解である。

次のファシズムに関する記述のうち、妥当なものの組み合わせはどれか。

A：ファシズムと資本主義は同時に成立する場合もある。

B：ファシズムは戦争へと国民を導く傾向にある。

C：ファシズムにおいては政党選挙が行われる。

D：ファシズムは資本主義とはあいいれない。

   1 **A，B**

   2 **A，C**

✖3 **B，C**

   4 **B，D**

   5 **C，D**

（地上 専門）

A「**ファシズムと資本主義は同時に成立する場合もある**」と**D**「**ファシズムは資本主義とはあいいれない**」は、誰がどう見たって、完全に対立している。こういう場合、このどちらかはやはり正しいと考えられる。だから、そのどちらも入っていない**3**は最初から✖とわかる。

最後に。「最も適切でないものはどれか」とか「誤っているものはどれか」というように、間違った内容の選択肢を選ぶ問いがマレにある。そういう問いでは、共立するものがともに正解ではないのはもちろん、**対立のあるところに確実に正解がある**。

なぜなら、こういう問いの場合、正解以外の選択肢はすべて正しい内容でなければならないから、そこに対立があるわけはないのである。だから、対立があれば、必ずどちらかの選択肢が正解なのである。

この種の問いは数が少ないが、出てきたらまず、この〝**対立・共立**〟の視点から見てみよう。

迷わされないための選択肢チェック法

もっぱらマトモに解くときの話だが、どの選択肢が正しいだろうと選択肢を比べるとき、何度も同じ選択肢を見て、何度も同じところの正誤を考え、というふうに「どうどうめぐり」をしがちなものだ。選択肢はまぎらわしいし、こっちのこの部分は、こっちのこの部分より正しいような気がするし、と部分的に気をひいてくるので、全体として比べるのがまた難しくなる。

しかし、「どうどうめぐり」はどうしたってムダなわけで、そういうことをなるべくなくして手際よく解くためのコツを紹介しよう。

たいしたコツではないのだが、ちょっとしたことでありながらずいぶんと効果があるし、とっくに自分でやっている人もあるだろうが、意外にみんなこういうやり方をしていない。教えてくれるところも少ないようだ。

なお、その前に、大切な考え方についてふれておく。

それは「○よりも×をさがせ」ということだ。みんなどうしても、正しい選択肢を選ぼう、という姿勢でのぞむが、これは難しい。

選択肢にいくら○の部分があっても、その選択肢が全体として○かどうかはわからない。しかし、ちょっとでも×の部分があれば、その選択肢は全体としても×だ。ということは、どうしたって、×をさがすほうが効率がいいのである。

それに、択一式の正解というのは、なるべく選ばれないように、極力魅力をなくしてある。正しいというよりは、間違っていない、マシという程度だ。一方、ニセの選択肢のほうは、ズバリ正しい部分をもっていたり、とにかく気をひく要素をたくさんもっている。添加物たっぷりの、見た目が素晴らしいものなのだ。正しいものを選ぶ姿勢では、これらにどうしたって強くひかれてしまう。部分的な強烈な正しさはむしろマイナスと思ったほうがいいくらいなのだ（マイナスと考えれば、逆用できる）。

さて、では以上をふまえて、選択肢のさばき方だ。

つかみどころのないウナギも、頭にキリをトンと立てるというコツで、ずいぶんとあつかいやすくなる。ここで紹介するのもそういったコツだ。

選択肢を読んでいくときに、

● **選択肢の部分部分の正しさをチェックして、印をつける**

選択肢はいくつもの要素をもっている。選択肢を要素に分けて、そのそれぞれの正しさを印に変えていく。

◎……非常に正しいとき

○……正しいとき

△……正しいような気がするが確信がもてないとき

？……正しいかどうかまるっきりわからないとき

▲……間違っているような気がするが確信がもてないとき

×……間違っているとき

それぞれの部分にはアンダーラインを引くか、あるいは部分部分をスラッシュ（／）等で区切るといい。また、すべての選択肢で共通している部分は文字の上に線を引いておくと見やすくなる。

試しにちょっとやってみよう。

世界の人口に関する記述として適切なものは、次のうちどれか。

1 　人間が住んでいる地域（エクメーネ）は、世界の陸地面積の約半分に当たるが、五大陸別にみると、人口分布は極めて不均衡で、世界人口の約半分はアフリカ大陸に集中している。

2 　多産多死で人口が急増していたインド、中国、アフリカ大陸の中央部の国々は、家族計画や晩婚奨励、１人っ子政策などで少産少死の国へと変化してきており、現在では人口が減少してきている。

3 　人口の国内移動については、工業化に伴って、都市人口の急激な増加現象がみられる。現在、わが国では、市部人口が総人口の約50％であり、東京都には総人口の約20％が住んでいる。

4 　人口の国際移動は、移住または出稼ぎ移動の形態をとるが、フランス、旧西ドイツなどのEC諸国へ出稼ぎのために移動してきた労働者の出身国は北アフリカの地中海沿岸諸国やトルコなどである。

5 　わが国の人口ピラミッドは、多産多死型を経て若年層の多いピラミッド型になりつつあるが、この形は農村部よりもとくに都市部にみられる形である。

こうして印をつけておくと、何度も同じところの真偽を考えたりしてしまうムダが省ける（知識で解く場合は、何度考えても進展があるはずはないのだから）。また、選択肢の全体としての評価が下しやすい。

で、判断の仕方だが、

◉×のついている選択肢は×

「選択肢にちょっとでも×な部分があったら、他の部分がどんなに正しくても、その選択肢は全体としても×」ということをよく肝に銘じておこう。

◉あとはマークの組み合わせで考える

▲がマイナスなのは、もちろんだが、先に述べたように◎もけっこうアヤシイ。ここの例で言えば、×のある**1**、**2**、**5**は×で、残るは**3**、**4**だが、◎と？の**3**よりは、○と△の**4**のほうを選ぶべきだ。○と△くらいがもっとも正解らしい。ちなみにこの問いの正解は**4**だ。

印をつけただけで、すぐに正解にたどりつけるということではない。ここはあくまで、マトモに解くときに選択肢でムダに迷わないためのコツを紹介しているだけだから。

しかし、かなり時間の節約になるはずだし、てきぱきやれる感じが気持ちいいはずだ。

同じ迷うにしても、△などにポイントが絞られる。

部分の判断によって、全体の評価が一目でわかるようになるところも、やってみるとわかるが、ずいぶん便利なはずだ。

なんでも手作業にしてしまって、視覚化することは、こみいった問題を解決するときには、常に心掛けるべき非常に有効なコツだ。

とくに試験のように時間の限られているものでは。

では、次の章では、裏ワザで解くときの選択肢のさばき方を紹介しよう。

裏ワザで解く場合、知識で解くわけではないから、知識的に○×をつけていくことはできない。

知識と関係なしに選択肢を見て、いったいどうさばいていくのか、どう正解を知るのか。

第3章

正解をつかみとる
裏ワザ

この章で紹介する裏ワザは…

裏ワザの根幹である「絡み合い」について、
上級テクニックである「含む・含まれる」、
例外パターンである「逆グループ分け」
択一式ならではの「正解らしさ」
について、ここでは紹介する。
難易度の高い章だが、慣れれば、
苦労なしに正解が見えてくるようになる。

含む・含まれる

選択肢どうしの内容に、含む・含まれる関係があるときは、
含むほうが正解である。

まず準備体操！

これはちょっと難しいので、先に例題で説明しておこう。

> 本文中で彼女の選んだ男として、もっとも合致するのは次のどれか？
> **1** 顔のいい男
> **2** 金もなく、性格も悪く、暴力をふるう、顔のいい男

もしかすると、彼女の趣味は変わっていて、ただの顔のいい男より、金が
なくて性格が悪いのが好きなマニアで、なぐられると喜んでしまったりする
のかもしれない。

だから、本文を読まないとどちらが正解かわからない、と思うかもしれない。

しかし、そうではない。

金がなかろうと、性格が悪かろうと、暴力をふるおうと、顔がいい男には
ちがいない。

2は**1**に含まれる。

こういう「含む・含まれる」関係があるときは、含むほうが正解である。

なぜなら、もし**2**が正解なら、その男は「顔のいい男」ということになる。だったら、**1**も✖ではなくなってしまう。

正解が2つあるはずはないから、これはおかしい。

一方、**1**が正解なら、**2**の「**顔のいい男**」という部分も正しいということになるが、**2**は他にも「**金もなく、性格も悪く、暴力をふるう**」という他の部分があるから、ここが間違っていれば、**2**は完全な✖でありうる。

つまり、**2**が正解なら→**1**も正解になる→正解が2つはおかしいから、**2**は正解ではない。**1**が正解なら→**2**が✖になる可能性もある。

ということで、本文などと関係なく、この2つの選択肢を見るだけで、正解は**1**しかありえないのだ。

なお、この設問にさらに次のような選択肢があったとしよう。

---

   3   包容力のある男

   4   エッチのうまい男

   5   誠実な男

そうするとますます本文を読まないとわからないと思うかもしれないが、そんなことはない。

含む・含まれる関係があるときは、そこに正解があると思っていい。

1と**2**に含む・含まれる関係があるので、他の**3**〜**5**の選択肢はもう検討するまでもなく、**1**が正解と思っていいのである。

もう1つ例題!

もう１つだけ例題を。これはセンター試験の過去問。

---

  ② 「私」の本の読み方に、自然に藤野さんの読み方の抑揚が出る
     ということ

  ④ 「私」の本の読み方は、藤野さんの読み方の下手な模倣である
     ということ

どちらも**「私」**の本の読み方が藤野さんに似ているということで、ほとんど同じ内容だ。

細かいことを言えば、**「自然に抑揚が出る」**のと**「模倣である」**のとはちがうが、これははっきりと〇✕が分かれるほどのちがいではない。

決定的なちがいは、④の「**下手な**」だ。

　②はうまいとも下手とも言っていない。

　つまり、②のほうが**許容範囲がひろく**（下手でも、上手でも、普通でもいいわけだから）、**④は②に含まれる**。

　こういう場合、含むほうの②が正解なのである。

　そして、先に述べたように、他の①③⑤の選択肢は見るまでもない（含む・含まれる関係があるときはそこに正解があるから。つまり、②か④が正解だから）。

　もちろん、あっている。

「含む・含まれる」という考え方が難しかったら、「**内容がなるべく限定されていない、ひろいほうが正解。内容のせまいほうが✖**」というふうにおぼえるといいだろう。

実際の過去問を解いていこう！

過去問

次の文の内容と合致するものとして最も妥当なのはどれか。

（本文省略）

1 ニーチェは、人間の欲望に伴う苦しみこそが人生の本質であるので、そのような苦しみを進んで受け入れることが必要であるとした。

○2 ニーチェは、人間は生きていく上で様々な欲望を抱き苦しむが、そのような苦しみこそが同時に生きる理由になるとした。

3 ニーチェは、人間は苦しみから逃れようとして欲望を捨てようとするが、欲望を捨ててもまた、別種の欲望によって苦しむものであるとした。

4 ニーチェは、欲望に伴う苦しさが人間の生きる理由であることを直観するために芸術体験や恋愛体験が必要であるとした。

5 ニーチェは、人間の生は苦しみの連続であるが、苦しみが大きければ大きいほど人間の存在理由もまた増大するとした。　（国Ⅱ教養）

　公務員試験では、例題ほどすっきりした「含む・含まれる」関係を見つけることは難しいが、かなりアバウトに使っても大丈夫だ。

　まず**2**と**4**の選択肢を見てほしい。**4**の「**欲望に伴う苦しさが人間の生きる理由である**」という部分は、**2**全体と同じ内容だ。

　もし**4**が正解なら、**2**も✖ではなくなる。

　つまり、"**含む・含まれる**"で**2**が正解ということだ。

　2が正解でも、**4**は✖になりうる。「**直観するために芸術体験や恋愛体験が必要であるとした**」という、**2**にはない要素があり、そこに間違いがあるかもしれないからだ。

なお、2と5も同じだ。ほぼ同じ内容で、5のほうが「**大きければ大きい
ほど……増大する**」という、2にはない要素をもっている。

2と5からも、〝**含む・含まれる**〟で2が正解とわかる。

含む・含まれる関係があるときは、そこに正解があるので、他の選択肢は
検討する必要がない。

過去問

この文章の内容と一致するものとして、最も妥当なのはどれか。
（本文省略）

1　存在の法則であると同時に思惟の方法でもあることを弁証法にお
いて可能にするためには、実践こそが唯一の手段であることをカン
トは証明した。

○2　弁証法は実践によって生きられた弁証法にもなり、また存在の法
則であると同時に思惟の方法になることが可能になる。　（消防Ⅰ 教養）

小難しい文章だが、「**弁証法**」について何も知らなくても大丈夫。

1にも2にも「**存在の法則**」「**思惟の方法**」「**弁証法**」が出てくる。わかり
やすくするために、これを仮にA、B、Cとしてみよう。

1は「**AとBをCで可能にするには、実践が必要**」と言っている。

2は「**Cは実践によって、AとBが可能になる**」と言っている。

つまり、同じことをちがう言い方で言っているだけだ。

ただ、1のほうは「**カントは証明した**」と言っている。2は何とも言って
いない。もし1が正しければ、2も○になってしまうから、それはありえな
い。つまり、カントは証明していないのだ。カントについて何も知らなくて
も、それがわかるのが面白いところ。

〝**含む・含まれる**〟で、1は✖、2が正解とわかる。

次の英文中に述べられていることと一致するものとして、妥当なのはどれか。

（本文省略　英文）

1　アメリカは緊迫した国であり、特に都市では、家庭と職場との板挟みにより、さまざまなストレスを受けながら生活や仕事をしている。

2　大半のアメリカ人は、「今日のジョーはかなりイライラしているな」とか「会合はだめだっただろうな」などといらだちのあまり言われると、いつも深く傷ついてしまう。

3　他人のイライラのとばっちりを受けるのはだれでも嫌なのに、<u>アメリカ人は時折さまざまな感情をはっきり表に出して怒鳴り返したりすることがあるので</u>、「体面」や「地位」を失うことがある。

○4　全体的にいえば、ほとんどのアメリカ人は、控え目で辛抱強く、自制心の強い人間とはいえない。

5　アメリカの実業界に初めて接したときに、<u>調停の場におけるアメリカ人は短気だと、たくさんの人が思う</u>。

（特別区Ⅰ 教養）

　3「アメリカ人は時折さまざまな感情をはっきり表に出して怒鳴り返したりすることがある」のなら、**5**「調停の場におけるアメリカ人は短気だと、たくさんの人が思う」のなら、**4**「全体的にいえば、ほとんどのアメリカ人は、控え目で辛抱強く、自制心の強い人間とはいえない」ということだ。

　3や**5**が正しくて**4**が間違っているということは考えにくい（とくに**3**は）。**3**や**5**は**4**の具体例であり、**3**と**5**は**4**に含まれる。

　つまり、〝含む・含まれる〟で**4**が正解ということだ。

過去問

行政上の損失補償に関する次の記述のうち、妥当なものはどれか。

2 補償は、侵害される財産の客観的な価値の完全な補償でなければ
ならない。

○3 土地の収用の場合、土地への愛着心などの主観的な価値は補償の
対象とはならない。

（地上 専門）

3の選択肢は、「**主観的な価値は補償の対象とはならない**」と言っている。
ということは、つまり、「**客観的な価値**」が補償されるということで、じつ
は**2**と同意だ。しかし、**2**には「**完全な**」というのがついている。それだけ
内容がせまい。ひろい**3**に**2**は含まれる。

〝**含む・含まれる**〟で**3**が正解だ。

過去問

次の文の内容と合致するものとして最も妥当なのはどれか。

（本文省略　英文）

3 ラテンアメリカの国々では、メキシコのように石油生産事業が少
数の<u>外国企業によって独占されている場合が多い</u>。

○5 ラテンアメリカの国々では、エネルギー産業における<u>政府の管理
と外国からの投資との適切なバランスが見出されていない</u>。

（国Ⅰ 教養）

もし「**外国企業によって独占されている場合が多い**」とすれば、それは「**政
府の管理と外国からの投資との適切なバランスが見出されていない**」という
ことだ。

つまり、ひろい**5**に**3**は含まれる。

5が正解だ。他の選択肢はもう検討するまでもない。

レベル3

逆グループ分け

グループ分けでただ1つ仲間外れになる選択肢は通常、大✖肢だが、逆にこれが正解の場合がある。これの見分け方。

まず準備体操!

正解を隠すには、「正解にまぎらわしいニセの選択肢を並べる」というのが基本だが、まったく逆の手口もある。

本物のダイヤのそばに、それを盗まれないために贋作のモナリザを4枚ならべるという手口だ。

そうすると、4枚もあるモナリザのうちのどれかが本物だと思ってしまって、ダイヤのほうは目に入らなくなる。

つまり、「まぎらわしいニセの選択肢を4つ並べて、正解をひとりぼっちにする」のだ。

かなり大胆な手口で、おぼろげにでも正解を思いついた人は、簡単に正解できてしまう。

つまり、この手口がとられるのは、「受験者がなかなか正解を思いつけない問題」に限られる。

または、「受験者の多くが引っかかりそうな、強力なニセの選択肢があるとき」だ。

具体例を見るのが、いちばんわかりやすいだろう。

問い　鉄腕アトムを作ったのは誰か？

1　お茶の水博士

2　水道橋博士

3　飯田橋博士

4　秋葉原博士

5　天馬博士

正解は**1**──ではなく、**5**だ。

手塚治虫の『鉄腕アトム』からの出題だが、**アトムを作ったのは天馬博士である**。

しかし、その後、アトムとずっといるのはお茶の水博士で、天馬博士に比べてお茶の水博士のほうが知名度がはるかに上である。

お茶の水博士がアトムを作ったと思っている人も多いだろうし、落ち着いてよく考えればわかる人でも、アトムとくれば、ついお茶の水博士を選んでしまいかねない。

というふうに、強力な誤答がある場合は、そっちのほうをこのように4つの選択肢にしてならべるわけである。

天馬博士のほうにまぎらわしいニセの選択肢をならべたのでは、かえって正解に気づかせることになってしまうからだ。

この選択肢なら、『鉄腕アトム』に詳しい人でも、つい、**「水道橋や飯田橋や秋葉原じゃなくて、お茶の水だよ。こんなのにひっかかるかよ」**とか言いながら、見事に術中にはまってしまいかねない。

で、後で「そうだよ天馬博士だよ。なんで間違えてしまったんだ〜ッ」と、なげくことになるのだ。

モナリザが何枚もあると、このうちのどれが本物だろうというところにどうしてもハマってしまいがち。

「まぎらわしいものがいくつもならんでいるからには、このどれかが本物にちがいない」とも思ってしまうだろう。

しかし、そう思ってしまうところにこの隠しワザの力のすべてがあるわけで、逆に、こういう場合もあると知っていれば、意表をつかれないわけで、それだけでほとんど解決である。

「隠さないことによって隠す」という、大胆かつ巧妙な手口だが、それが効果的なのは、裏をかかれてしまうときだけである。そういう手も使うと知っていれば、もはや効力はない。

「そうはいっても、仲間外れの選択肢が大✖肢のこともあれば、正解のこともあるというのでは、どうしていいかわからない」と思うかもしれないが、心配はいらない。

グループ分けの大✖肢と、**逆グループ分け**の場合とは、区別がつく。

グループ分け等で4・1の1で✖になるような選択肢は、それでなくても✖とわかるような、大✖の選択肢である。

グループ分けのところなどをふりかえってみてほしい。

---

2 日本人は文化的に無価値なものを抱え込みすぎているので、日本の文化水準は高いとはいえない。

話題のところで4・1の1になった選択肢だが、**良識的解答**でも✖とわかる。

マトモに解いても５つの選択肢のうち１つ２つは✖とわかるものだが、仲間外れで✖の選択肢はそういうものが多い。

　一方、仲間外れで正解の場合は、やはりそういうくだらない選択肢ではない。仲間外れになるという以外にはマイナス点をもっていない。

　あと、〝逆グループ分け〟の場合は、４つの選択肢が似通いすぎることが多い。
　正解とニセの選択肢の場合は、ニセの選択肢まで正解になってしまっては困るし、それぞれに正解のいろいろな要素をもつようにしてあるので、当然、それなりにちがいが出る。
　しかし、ニセの選択肢どうしをまぎらわしくする場合、いくら似すぎていたって、どうせ✖なのだから、なんの問題もない。というわけで、そういうことがありがちなのだ。

　まぎらわしい選択肢どうしに、どれかが✖になってどれかが正解になるほどのちがいがない場合は、〝逆グループ分け〟の可能性を考えてみたほうがいい。

　とにかく、〝逆グループ分け〟の場合は、まぎらわしい選択肢の中から正解をさがそうとしても、裏ワザで正解を見つけ出せないから、その場合は、〝逆グループ分け〟かもしれないと、残りの１つの選択肢の正解の可能性を考えてみればいいのである。

　簡単なことだが、それでもややこしく感じる人は、どうせ〝逆グループ分け〟はマレなので、これは捨てることにして、無視してしまうのも手かもしれない。

実際の過去問を解いていこう！

過去問

次の英文の主旨として、最も適切なものはどれか。

（本文省略　英文）

1　無意識にささいな過ちを犯してしまったような場合でも、正直で潔白な人間は深い罪悪感にとらわれてしまう。

2　正直で潔白な人間であれば、決して衝動にかられて過ちを犯してしまうというようなことはしないものである。

3　だれでも、悪意がなくとも、ついうっかりささいな過ちを犯してしまうことはあるのだから、それを責めてはいけない。

4　厳格で正直な人間は、日常よく起こりうるささいな過ちでさえ、なかなかそれを許そうとしない。

○5　人間は自分に対しても自己の不正直さを隠すのだから、人間の正直さというものは当てにならない。

（国Ⅰ 教養）

　5だけ、他と言っていることがちがう。「**過ち**」についての話題が、この選択肢にのみ出てこない。

　通常**4**・**1**の**1**になる選択肢は、それでなくてもかなり明らかな**✕**の選択肢だ。しかし、この選択肢はそういうバカバカしい選択肢ではない。主張も明確で、しかも、当たり前の内容ではなく、ちょっとこった内容で、ニセの選択肢にしてはできすぎだ。

　これは、見分けの大事なポイントである。**1〜4**の選択肢を読んでみてほしい。どれもじつに平凡な内容ではないか。第1章の「正論すぎる選択肢に注意」の項（112ページ）で述べたように、平凡な内容の文章は読解問題の本文に採用されない。なぜなら、おぼろげにしか内容が読解できなくても、内容の予想がついてしまって正解できてしまうからである。したがって、正

解は必ず、ちょっとこった内容なのである。ちょっとこった内容の選択肢は、この問いでは**5**しかなく、あとは正解になるには、あまりにもありきたりである。

1～**4**は、単純すぎて、幼稚園の先生のお説教のようで、笑ってしまう。
2は〝**常識的解答**〟で✕だ。

このように、〝**逆グループ分け**〟の問題では、正解以外の選択肢に魅力がないことが多い。そして、正解の内容はかなりひねったものであることが多い。この問いでも**5**の「**人間は自分に対しても自己の不正直さを隠す**」というのは、ちょっと英文読解しづらいだろう。

見分け方の、もうひとつの考え方を紹介しておこう。

仮に**1**～**4**のどれかが正解として（**5**がニセの選択肢だとして）、つまり、本文が**1**～**4**のような内容であるとして、**5**のような内容だと読み誤る可能性があるだろうか？

ニセの選択肢であるなら、そういう可能性をもっているはずだ。**5**のほうがひねった内容だから、ちょっとありえないだろう。

一方、**5**が正解だと仮定して、**1**～**4**のような内容に読み誤る可能性はあるだろうか。これは大いにあるだろう。**5**のような内容のひねりに気づかなければ、**1**～**4**のように思う可能性はある。まして、4つも似たようなものをならべられれば。

ということは、つまり、**5**が正解ということだ。

裏ワザのキモ！

まぎらわしい選択肢の中に正解がなさそうなときは、仲間外れの選択肢が、逆に正解だ！

レベル **3**

絡み合い

裏ワザの基本にある考え方。より多くの選択肢と、より多くの共通性をもつ選択肢が正解。大✖肢とただ1つ共通性をもつ選択肢は大プラス。

まず準備体操！

「まぎらわしいものの中に正解がある」と言われることがある。

　しかし、これは単純すぎて間違いだ。

　第一に、ニセの選択肢どうしだって、まぎらわしくしてあることがある。「まぎらわしいものの中に正解がある」と言うだけでは、正解とニセの選択肢がまぎらわしくなっているのか、ニセの選択肢どうしがまぎらわしくなっているのか、区別がつかない。

　第二に、「こっちの部分ではこれと似ているし、この部分ではあれと似ているし……」というふうに、どの選択肢とどの選択肢がまぎらわしいかハッキリ言えないことも多い。

　第三に、仮にまぎらわしい選択肢がハッキリしたとしても、その中に正解があるというだけでは、その中のどれが正解かわからない。ただ「この中にある」というだけではたいして意味がない。

大切なのは、選択肢のまぎらわしさではなく、「絡み合い」なのだ！選択肢の絡み合い方がわかれば、正解もわかる！

「絡み合い」は、まぎらわしさと同じことのようで、少しちがう。

そして、その少しのちがいが決定的なちがいなのだ。

選択肢の共通性の絡み合い方は、正解とニセの選択肢の場合と、ニセの選択肢どうしとではちがう。

だから、明らかに区別がつく。

そして、絡み合い方として考えれば、共通性の複雑に入り組んだ選択肢も、容易に把握できる（〝グループ分け〟〝同じ言葉〟は、選択肢の共通性の絡み合いを見落としなく効率的に見抜くためのテクニックである）。

「絡み合い」とは何か？

では、「絡み合い」とは何か？

絡み合いというのは、「過不足があって似ている」状態のこと。

過不足があって似ているとき、その状態を「絡み合っている」と言い、その場合はそこに正解があると判断され、共通性の重なっている選択肢が正解なのだ。

選択肢間の共通性を説明しやすいように仮にＡ、Ｂ、Ｃ、Ｄとすると、過不足があって似ているというのは、たとえば次のような場合のことを言う。

1	A	B		
2	A			D
3	A	B	C	D
4			C	

　こういう場合は、共通性の重なる３が正解と判断できるのだ。

　なぜか？

　なぜ共通性の重なる選択肢が正解なのか？

　それは、ニセの選択肢の作り方を考えてみるとわかる。

　正解にＡＢＣＤの要素があるとして、ＡＢＣＤの入っている選択肢が１つしかなかったら、ＡＢＣＤのどれか１つだけでもわかった受験者は、正解を選べてしまう。

　それではマズイ。

　ＡＢＣＤのすべてがわかった受験者だけが正解できるようにするためには、他のニセの選択肢にＡＢＣＤの要素をばらまくしかない。

　そこで、上のような選択肢を作るわけだ。

　これなら、Ａだけわかったのでは、まだ選択肢をいくつかに絞り込むだけだ。

　Ｂ、Ｃ、Ｄだけでもそう。

　ぜんぶわかって初めて正解できることになる。

逆に、ＡＢＣＤに間違った要素を加えたニセの選択肢がならべられること
もある。

┌───┐
│　　**5　Ａ　Ｂ　Ｃ　Ｄ　Ｅ**〔Ｅが✖要素〕　　　　　　　　　　　│
└───┘

　これも、正確にわかっていないと、正解が選べないようにするため。

　こういうふうにして、完全に正解のわかっている受験者だけが正解の選択
肢を選べるように、いろいろ工夫して、選択肢を作るのである。

　しかし、それぞれ正解の一部をもとにニセの選択肢を作っているので、共
通性の重なっているものをさがせば、正解がわかってしまうのである。
　というわけで、「**選択肢の共通性に過不足があるときは、共通性の重なっ
ているのが正解**」なのだ。

　公務員試験は、標準的な受験者のレベルに合わせてあるわけで、多くの受
験者が、ある程度は正解がわかる問題が多い。
　だからどうしても、正解の要素をニセの選択肢に入れないわけにはいかな
い。でないと、先に述べたように、すぐに正解がわかってしまうからだ。
　だから、共通性の重なり合いによって正解がわかる問題が多い。
　てんでんバラバラな選択肢がならんでいるときは、つまり、誤った解答を
思いつく人が多い問題ということだ。

「共通性の重なる選択肢が正解」もう1つの理由！

　共通性の重なる選択肢が正解という理由には、もう１つ、「出題者は正解に手を加えることでニセの選択肢を作る」ということがある。

　これまでにも説明してきたように、正解の内容を具体的にしたり、せまくしたり、良識的に悪くしたりして、✖肢を作ることがあるのだ。

　そうすると、正解とまぎらわしいニセの選択肢になるので、受験者を間違わせる力がそれだけ強いし、そのちがいがわかるかどうかで受験者を選別するという、建前としても問題のない、出題者にとってよいニセの選択肢になるのだ。

　しかし、そういうニセの選択肢は、正解をもとに作られるわけだから、どうしても、少しはもとの正解の面影を残している。
　そして、**ある１つの正解をもとに作られた複数のニセの選択肢は、同じ親から生まれた子どもが、どの子も親と似ているが、それぞれに似ているところがちがっていたりするように、それぞれに残している正解の面影がちがっている。**
　だから、やはり、複数のニセの選択肢が集まれば、どうしても、正解の姿が浮かんでくるのだ。
　つまり、共通性の重なる選択肢が正解ということになるわけだ。

ニセの選択肢どうしも、まぎらわしくなっている！

　以上の説明だと、「まぎらわしいものの中に正解がある」でも、間違いではなさそうだ。

　しかし、それではまだ不充分なのだ。

　前にも言ったように、ニセの選択肢どうしもまぎらわしくなっていることがある。

　しかも、ニセの選択肢どうしのほうが、正解とニセの選択肢がまぎらわしくなっているのよりも、もっとまぎらわしくなっていたりするからだ。

　ニセの選択肢どうしもまぎらわしくなっている理由の１つは、出題者が、正解とニセの選択肢がまぎらわしくなっているのをカモフラージュするため。

　それから、多くの受験生がひっかかりそうな、強力な誤答があるときは、いくらか変化をつけて、それを複数ならべられることがあるからだ。

　ほとんどの受験生が間違った答えを思いつきそうだというときには、正解以外、ぜんぶその誤答のバリエーションがならべられるということさえある（*逆グループ分け」）。

　そんなとき、まぎらわしいものの中に正解があるなんて思っていると、ニセの選択肢の迷路の中に迷い込んで、二度と出て来れない。

正解のまぎらわしさと、ニセのまぎらわしさの識別法！

では、そういうニセの選択肢のまぎらわしさと、正解とニセの選択肢のま
ぎらわしさを、どう区別するのか？

先に「選択肢の共通性に過不足があるときは、共通性の重なっているのが
正解」と書いた。

この「過不足」というのは何なのかと思った人もあるだろう。

じつはここに、ニセの選択肢のまぎらわしさと、正解とニセの選択肢のま
ぎらわしさを区別する指標が入っているのだ。

正解にＡＢＣＤの要素があるとして、他の選択肢にＡＢＣＤをすべて入れ
るわけにはいかない。

全部入れる場合には、さらに何か加える必要がある。そうしないと、その
選択肢まで✖ではない選択肢になってしまうからだ。

つまり、正解とニセの選択肢の共通性には、どうしても過不足をつけなけ
ればならない宿命がある。

一方、ニセの選択肢どうしというのは、どうせ✖なので、ちがいをつけな
くてもいっこうにかまわない。

だから、たいてい、まぎらわしすぎるほどにまぎらわしく、共通性のハッ
キリした過不足がないものだ。

だから、まぎらわしい選択肢の中に……なんて考えているとダメだが、「過
不足のある場合、そこに正解がある」と考えていれば、容易に区別がつく。
過不足のないベタな似方をしているときは、そこに正解はないのだ。

「より多くの選択肢と共通性をもつ選択肢が正解」とは？

先に〝グループ分け〟〝同じ言葉〟で、「たとえば2つの選択肢どうしでたくさん共通性をもっているより、共通性の数では劣っていても、より多くの選択肢と共通性をもつ選択肢のほうが正解」という内容のことを書いた。

なぜかというと、少し前に述べたように、ニセの選択肢どうしは、いくらでも似せられるわけで、共通性の数で正解を超えることは簡単だ。

しかし、より多くの選択肢と共通性をもつということになると、正解を超えることは難しい。どうしても、少数のニセの選択肢どうしでたくさんの共通性をもつだけになる。

正解のほうが、ニセの選択肢よりも、多くの選択肢と共通性をもつ（〝逆グループ分け〟の場合は別として）。

というわけで、「より多くの選択肢と共通性をもつかどうか」で正解を判断できる。

たとえば、極端な話、選択肢に次のように共通性があれば、**1**か**2**のどちらかが正解なのではなく、共通性の数では劣っても、より多くの選択肢と共通性をもつ（そして、過不足があって絡み合っている）**4**が、明らかに正解なのだ。

1	A	X	Y	Z	J	Q	K
2	X	B	Y	Z	J	Q	K
3	C						
4	A	B	C	D			
5	D						

「✕肢と共通性があるのはプラス」なのは、なぜ？

「過不足があって絡み合っている、より多くの選択肢と共通性をもつ選択肢が正解」という「絡み合い」による正解の判断の仕方がよくわかってもらえたと思う。

　過不足があって絡み合っているか、より多くの選択肢と共通性をもつか、この２点から、正解を判断すれば、間違いない。

　過不足があって絡み合っているのでないときは、そこに正解はない。
〝グループ分け〟〝同じ言葉〟で紹介した規則をたんに鵜呑みにして解くより、こういうことを知っておいたほうが、間違いが少なくなり、確信をもって正解を判断できるようになるし、なんといっても応用がきく。
　細かい規則をうるさくおぼえる必要もなくなる。
　そう思って、ここで紹介してみた。

　最後にもう１つ、「✕肢と共通性があるのはプラス」ということについて説明しておこう。

　先に述べたように、ニセの選択肢は正解の要素をもっていることが多く、✕な部分がわかったら、残った部分は正しい、つまり正解の要素であることが考えられるからだ。

　また、正解をもとに作られたニセの選択肢なら、正解の面影を残していることが考えられるからだ。

「大✖肢と共通性をもつのは大プラス」というのは、大✖な部分をもつような選択肢ならば、それを補うだけの魅力をもたせるために（ニセの選択肢は必ず受験者を迷わせるだけの魅力を備えている）、他の部分はそれだけ正解に近いことが考えられるからだ。

　また、〝グループ分け〟で「仲間外れになった選択肢は大✖肢と言えるが、そういう選択肢と共通性をもつのは大プラス」ということを言ったのは、次のような場合が考えられるからだ。

　正解がＡとＢの要素をもっている。多くの受験生がＡのほうを思いつきそうなので、多くの選択肢にＡを入れる。そして、Ｂを入れたニセの選択肢も１つくらいはならべる。

　あるいは、内容的にまぎらわしい選択肢をたくさんならべ（Ａ）、ニュアンス的にまぎらわしいのを１つならべたりする（Ｂ）。

1		B
2	A	
3	A	B
4	A	
5	A	

　そうすると、〝グループ分け〟で４（２３４５）・１（１）の１となり、１は大✖となるが、その１と共通性をもつ３が正解なのである。
（もちろん、ぜんぜん正解と共通性のないニセの選択肢が１つだけならべられていて、仲間外れのこともある）

説明が長くて、肩がこったことと思う。
ここでちょっと実際の問題を見ておこう。

実際の過去問を解いていこう！

過去問

次の文章の主旨として最も妥当なものはどれか。

（本文省略）

1 文学を体系だてることは重要であるが、個人的条件の影響が大きくて非常に難しい。

2 文学現象は時とともに変化するものであって、単なる個人的条件によっては左右されない。

3 文学現象全般を対象とする学問は、個人の衝動や嗜好を排除したあとに残った共通の現象を体系化することにより可能となる。

〝話題〟で✗ → ✗**4** 時代の理想や文学上の要求を見事に作品に具体化した人こそ、天才と呼ぶにふさわしい。

4と共通性 → ○**5** 文学は単なる個人的条件のみによって成立するのではなく、その時代の理想やその時代の文学上の要求によって成立する。

（地上 教養）

1、2、3、5には、文学と「**個人的条件**」という話題が出てくる。**4**にだけは出てこない。

〝**話題**〟で、**4**は✗だ。

こういうふうに**4・1**の**1**になって✗とわかる選択肢は、大✗肢といえる。

その大✗肢の**4**と、**5**は唯一共通性をもっている。

こういう場合、〝**絡み合い**〟で、**5**が正解である。

次の文の内容と合致するものとして最も妥当なのはどれか。

(本文省略)

1 　行政施策の執行は、価値の偏在的な配分執行であるから、地方行政を平等に執行することは不可能であり、受益者すべてに平等な行政施策は全くない。

2 　行政が保有する資源の配分を政治が決定し、行政がこれを執行するという役割分担が重要となっている。

✕3 　価値を偏在的に配分するのは不平等であり、公共性に反するという建前が存在する以上、どんなに合理的な価値配分を行っても公共的な事業施策を執行することはできない。

〇4 　行政の公共性を担保するためには、不平等な価値配分への人々の了解が必要であるが、そのためには、不平等な価値配分が効率的に行われているだけでは足りない。

5 　地方政府の行政施策を人々が了解するメカニズムが完成され、受益者が行政施策の執行を了承することによって平等な価値配分の実現が可能となる。

(国家一般職 基礎能力)

１、２、４、５には「**行政**」という話題が出てくる。

ところが、３だけは出てきていない。

本文との比較だけをしていると、こういうことをうっかり見逃してしまいがちだ。しかし、選択肢どうしを比較すれば、すぐに気づける。

３は〝**話題**〟で✕だ。

この大✕肢の３と共通性をもっている選択肢はないか、さがしてみると、３には「**公共性**」「**公共的**」という話題が出てくる。

同じく「**公共性**」が出てくるのは４だけだ。

〝**絡み合い**〟で４が正解とわかる。

次の英文の内容と合致するものとして最も妥当なのはどれか。

（本文省略　英文）

○1 ハリケーンによって動物園から出てしまった大きな**ワニ**を生け捕りにする作戦が展開されている。

5と共通性

2 動物園に残っていた少なくとも20匹の**鹿**と**鶏**はハリケーンから逃げ遅れて死んでしまった。

3 動物園の人気者であった巨大な**ワニ**が、ハリケーンからの避難が遅れて死んでしまった。

4 ハリケーンの猛威から生き延びた大きな**ワニ**が動物園で一番の人気者になっている。

×5 ハリケーンで行方不明となった**動物園職員**の捜索が警察官らによって懸命に続けられている。

これだけ人間

（国Ⅱ 教養）

　1〜4はすべて動物の話なのに、5だけは「**動物園職員**」で人間の話。〝**グループ分け**〟で5は**✕**。

　その5の「**ハリケーンで行方不明となった……捜索が……懸命に続けられている**」という内容にいちばん近いのは、1の「**ハリケーンによって動物園から出てしまった……作戦が展開されている**」だ。

　2の「**逃げ遅れて死んでしまった**」も、3の「**避難が遅れて死んでしまった**」も、4の「**一番の人気者になっている**」も、ぜんぜんちがう。

　〝**絡み合い**〟で1が正解だ。

レベル **3**

〔第3章〕正解をつかみとる裏ワザ

正解の性質

一般的に思われている「正解らしさ」はむしろ✖肢の印。
本当の正解らしさとは──

正解を1本釣りしようとしないほうがいい!

正解をピックアップするかたちで解こうとするのは──つまり、他の選択肢に関係なく、「この選択肢が正解と思える」ということで正解を選ぶのは──危険だ。

間違う確率が大変高い。できればやめたほうがいい。

正しい選択肢を見つけようとするのではなく、✖肢を消去していって正解にたどりつく、消去法でいったほうがいい。

とくに、「正解らしさ」で正解を選ぶのはもってのほかだ。

なぜなら、択一式の正解は、いわゆる正解らしくないからである。そして、正解らしさをもっているのはニセの選択肢のほうだからである。

一般的に思われている「正解らしさ」は、それなりに手応えがあるとか、「これだ!」というようなピッタリあてはまる感じとか、「本物はちがう」といったイメージだと思う。

しかし、そういう本当の意味での「正解らしさ」は択一式の正解にはない。記述式の試験の模範解答のような正解らしい正解は択一式にはないのである。

そんな正解をならべておいたのでは、それが正解とわかってしまうからだ。

本物には本物のかがやきがある。それはなんとしても消さなければならない。

そして、ニセの選択肢のほうに、極力そういうかがやきをもたせようとするのである（部分的に、正解の選択肢以上に正しくなっていたりする）。

だから、そういう「正解らしさ」で正解を選ぶと、✖肢を選ぶことになる。

択一式の正解は、正解らしくない！

では、択一式の正解はどういうふうなのか？

まず、本当の「正解らしさ」との対比で言うと、択一式の正解は、一般に、手応えがない。「これだ！」というピッタリあてはまる感じがない。

ピントの少しズレた、スカした感じで、「これだ！」どころか、「う〜ん」となって選びにくいのが択一式の正解だ。

正解というよりは、「✖ではない選択肢」なのが、択一式の正解なのだ。

というわけで、最初に言ったように、正解らしさで正解を選ぶことはしないほうがいい。

しかし、時間がないときには、それもやむをえないだろう。

そういうときのために、そして、せっかく正解にたどりついたのに、「どうも正解に思えない」と迷って、ニセの選択肢を選んでしまったりということのないように、選んだ正解に確信がもてるように、「正解らしい」✖肢にひっかからないように、選んだ選択肢が正解かどうかの再チェックに使えるように、択一式「正解らしさ」についてここでまとめておくことにしよう。

択一式「正解らしさ」

まず、第1章の「✕肢がわかる裏ワザ」で言った逆の性質をもつと思っていい。（常識的におかしくない、良識的に悪くない、入試に出そうな内容、問われそうな内容、建設的な意見、極端な表現がない、内容が限定されていない、よけいな部分がくっついていない、否定的でない、共通性を指摘していない、問いに対応している、矛盾していない、わけがわからなくない、くだらなくない、難解すぎない、正論すぎない、ありきたりすぎない……）

なにか焦点がボケた感じで、気をひかない、選びにくいのは、むしろ正解の証拠である。

そして、一部分だけやけに正しかったりしない。

本文そのままではない。

ようするに、本当の意味での「正解らしさ」のないのが、「択一式の正解らしさ」なのである。

裏ワザのキモ！

本当の意味での「正解らしさ」のないのが、「択一式の正解らしさ」だ！

以下は、実際の問題を見ながら説明しよう。

実際の過去問を解いていこう！

過去問

次の文において空欄Ａに入る語句として、最も適切なものはどれか。

(本文省略)

1 日常と祭り

2 アメとムチ

3 刺激と満足

4 労働と休息

○5 パンとサーカス

(国Ⅱ 教養)

問題は本文を読解して解くことを求めているわけで、本文がよく読解できない受験者がまぐれで正解することはできるだけ避けようとしている。

つまり、わからないなりに見当で選ぶと間違えるようにしてある。

ということは、**読解もしないで選択肢を見て、正解に思えるものほど正解ではなく、正解に見えないものほど正解の可能性が高いということだ。**

「**アメとムチ**」「**刺激と満足**」「**労働と休息**」は、どれもよくある言葉で、それだけ選びやすい。つまり、「択一式の正解らしさ」がないということだ。

1と**5**と似ているが、**1**の「**日常と祭り**」のほうが普通なので、どちらかというと選びやすいだろう。**つまり、それだけ正解の可能性が低い。**

「**パンとサーカス**」というのは、耳なれない人もいるだろうし、内容読解がちゃんとできていないかぎり、なんとなく選ぶ選択肢ではないだろう。

つまり、それだけ正解の可能性が高いということだ。

そして、実際、正解は**5**である。

わが国における行政の政策の形成過程に関する次の記述のうち、妥当なものはどれか。

✗ **5** 広報・広聴活動は、政策形成に直接役立てるためというよりも、もっぱら政策決定後それを国民に提示して支持を得ることを目的としており、官庁には広報・広聴活動に関する部局は置かれておらず、マスコミに委託して行われている。 (国Ⅱ 専門)

事実であれば、なんでも正解になるというものではない。**公務員試験の正解というのは、最初からある程度範囲が限定されている。**

たとえば、先に述べたように、良識的に問題のあることは、たとえそれが事実でも、それが正解となるような問題が出されることはありえない。

この選択肢でも、これだと広報・広聴活動はあくまで国民に政策を支持させるためのものであり、政策は国が勝手に決めることになってしまう。現実をふりかえってみて、たしかにその通りだとしても、それを指摘するような問題は絶対に出ない。

つまり、事実かどうか考えてみるまでもなく、こういう選択肢は最初から正解の可能性がないのである。

このように範囲が限定されているのも正解の性質だ。

重商主義に関する次の記述のうち、妥当なものはどれか。

1 ヨーロッパにおいては、イギリスとフランスは全面的に重商主義を展開した代表的国家であるが、オランダもその金融力、信用制度、海運の競争力をもって一貫した重商主義政策を繰りひろげたため、イギリスとの利害対立が表面化し、3度にわたる英蘭戦争を引き起こした。

2 イギリスはイギリス本国で生産される商品について植民地からの

輸入を制限し、植民地の特産物ないし原材料については貿易上の特恵的地位を保障した加工貿易を展開したため、輸出市場としてはヨーロッパ市場への依存を強め、18世紀末には国産品輸出市場の約80%はヨーロッパで占められるに至った。

3　クロムウェルは対外貿易から外国船を一切排除していた航海条例を撤廃し、自由貿易の復活を図ったが、その後、国内インフレ対策のため平価の切上げが行われると同時に毛織物輸出が激減したため、保護主義の気運が高まり王政復古後は再び航海条例が制定された。

○4　フランスにおける重商主義はコルベール主義とも呼ばれ、その主な目的は王室財政のためのプラスの貿易差額を獲得することであり、自由な経済主体による平等な商品交換に基づくブルジョア経済の展開を基礎とした経済政策がとられたイギリス重商主義とは性格を異にしている。

5　コルベールはイギリスおよびオランダ産の毛織物を国内市場から駆逐するために、農村工業に奨励金を与えることによって、従来の奢侈的毛織物の生産から大衆品生産への転換を図ったが、これは失敗に終わり、フランスの資本主義的生産への発展に大きな障害となった。

（国Ⅰ 専門・経済）

「重商主義」に関する問いだ。関係していればなんでもいいわけではあるが、**1**、**2**、**3**、**5**は出来事で、**4**は重商主義の説明になっている。

　そして、**4**は、イギリスとフランスの重商主義のちがいをちゃんと説明している。

　このように、問われている対象の説明をちゃんとしていて、しかも対比されているもののちがいについてちゃんと説明しているのは、「択一式の正解らしい」といえる。

国の財政に関する次の記述のうち、妥当なものはどれか。

✕1 憲法の定める租税法律主義の下では、国の営造物の使用料は、すべて法律の形式によって国会の議決を経ることを要する。

2 国家の予算の増額修正については慎重を要するから、国会法上、その動議を議題とするには、他の予算の修正動議に比べ、より多数の賛成議員をようするものとされている。

〇3 予備費を設けることについての国会の承認があっても、その支出については、改めて事後に国会の承諾を得ることが必要である。

4 決算は、原則として国会に提出される前に会計検査院の検査を受けなければならないが、特別の事情があるときには、検査を受ける前に国会へ提出することができる。

5 国民が財政の実情を知ることは財政の民主化のために重要であるから、国会は、少なくとも毎年1回、国の財政状況について国民に報告しなければならない。

(国 I 専門・法律)

「**国の財政**」について問う問題で、他の選択肢は国会と予算などについての話なのに、**1**だけは「**国の営造物の使用料**」の話で、他の選択肢に比べて話が小さい。

こういうのも正解の可能性が低い。「択一式の正解らしくない」選択肢である。

アジアNIESの経済に関する記述として、妥当なものはどれか。

✕1 アジアNIESのなかで、1人当たり国民総生産が最も高いのは韓国で、これに次ぐのが台湾である。

2 アジアNIESの国民総生産に対する輸出の割合はきわめて高く、韓国、台湾では、いずれも8割となっている。

◯3 アジアNIESの輸出の中心はアメリカ向けで、日本製品に代替しつつ輸出を伸ばしている。たとえば、1986年の香港の輸出の約4割が対米輸出である。

4 アジアNIESの国内総生産の伸び率は、1970年代後半から80年代前半には2けた台が続き、きわめて高い成長率を達成した。

5 アジアNIESのうち、わが国への最大の輸出国は台湾である。台湾は対米為替レートの切上げを余儀なくされてから、対日輸出を伸ばしてきた。

(地上 専門)

　どんなことでも問題のネタになるわけではない。「アメリカ大統領の身長は？」なんてことは問われない。やはり重要なことがネタになる。ということは、**たいして重要でないと思われることを言っている選択肢には正解の可能性はないということだ。**

　たとえばこの問いは、「**アジアNIESの経済**」についての問題だが、**1**のように、そのなかでどこがいちばん国民総生産が高いかなどということは、世界経済のなかでそれほど大きな問題ではない。

　正解の**3**を見てもらいたい。世界経済のなかでのアジアNIESの位置がわかるし、わが国との関連をちゃんと指摘してある。世界のなかでどうなのか、日本とどういう関係があるのか、これこそがやはり重要なことであり、問われるのはやはりそうしたことなのである。

行政組織に関する次の記述のうち、妥当なものはどれか。

1 人事院は、中立の立場から国家公務員の給与等の勤務条件の改善に関して国会および内閣に勧告する権限等を有し、内閣の所轄に属さない独立機関として憲法上の地位を有する。

2 府または省には外局として庁が置かれることがあるが、環境庁や国土庁のように総理府に置かれる庁の場合には、その長である長官には原則として国務大臣はあてられない。

3 審議会は府または省に置かれる外局であり、主として専門的知識や独立公正を必要とされる行政分野について提出される審議会の答申は、諮問した行政庁を法的に拘束する。

✗4 <u>戦前</u>は国の事務を地方において執行するために、国の事務はすべて機関委任事務として地方公共団体の機関を通じて執行されることになっていた。

○5 機関委任事務は、法律上は国の事務とはいえ地方公共団体の機関が行うものであり、地方議会はその執行に関して説明を求めたり、意見を述べることができる。

(国Ⅱ 専門)

他の選択肢はすべて現在の話なのに、**4**だけは戦前の話をしている。

問いは「**行政組織に関する**」もので、とくに昔のことを問うものではない。

重要なのはやはり現在のことであり、昔のことは重要性が低い。

こういうズレた選択肢も「択一式の正解らしくない」といえる。

国会議員の免責特権に関する次の記述のうち、妥当なものはどれか。

1 国会議員の免責特権は、会期中の行為のみを対象として保障されるもので、会期外の行為には<u>いかなる場合</u>も適用されない。

2 国務大臣が同時に国会議員である場合には、国務大臣として行った演説<u>にも</u>免責特権が及ぶ。

3 免責特権は、議員として行った行為であれば、私語や野次で<u>あっても及ぶ</u>。

4 院外での責任を問われないとは、刑事上の責任が問われないのみで、民事上の責任は<u>いかなる場合</u>も免れない。

○5 議院で行った行為のなかには、議事堂内での行為だけでなく、議事堂外での行為も含まれる<u>場合がある</u>。

（地上 専門）

　1や**4**が「**いかなる場合も**」と極端なのに対して、**5**は「**場合がある**」となっていて、そうじゃないときも許容しており、それだけ内容がひろい。

　それから、**2**、**3**の選択肢に注目してほしい。こういうのは、「いかにも✖」の選択肢である。及ばないことにまで、及ぶと言っている✖肢だ。

政党に関する次の記述のうち、妥当なものはどれか。

✖1 政党は、<u>発生当初から現在に至るまで</u>、特定の社会階層の利益を第一に追求するのではなく、全国民の利益の実現を最優先してきた。

（国Ⅱ 専門）

　「**発生当初から現在に至るまで**」ということは、一時期でもちがえば、この選択肢は✖になってしまう。こういう内容のせまい選択肢が、択一式では「正解らしくない」選択肢である。

過去問

圧力団体に関する次の記述のうち、妥当なものはどれか。

◯1 わが国においては、社会における価値観の多様化を反映してさまざまな圧力団体等の利益団体が形成されている。これらは、社会のなかに存在するさまざまな利益を国家意思にまで吸い上げる１つの方法として機能しており、議会主義を補填する<u>面を有している</u>。

(国Ⅰ専門・行政)

「**面を有している**」ということは、他の面をもっていてもいいわけで、それだけ「ひろい」。

こういうのが択一式では「正解らしい」選択肢である。

過去問

行政不服審査法上の不服申立制度に関する次の記述のうち、妥当なものはどれか。

✗1 行政庁の処分または不作為について、審査請求と異議申立ての両方が認められている場合には、原則として異議申立てを行い、それについての決定を経た<u>後に初めて</u>その決定を対象として審査請求を行うことができる。

◯2 再審査請求は、審査請求の裁決を経てさらに行う不服申立てであり、その対象は、原処分<u>であっても</u>審査請求の裁決<u>であってもよい</u>。

(国Ⅰ専門・行政)

✗肢の**1**は、「**〜後に初めて〜**」と限定している。

正解の**2**は、「**〜であっても〜であってもよい**」と、許容範囲がひろい。「択一式の正解らしさ」とはこういうことだ。

過去問

労働組合に関する次の記述のうち、妥当なものはどれか。

〇4 わが国の労働組合に企業別労働組合が<u>多い</u>のは、長期的な雇用慣
行があること、労働者の企業への帰属意識が強いこと<u>等による</u>もの
である。企業別労働組合は、企業の事情に合った労働条件を決めや
すい反面、労働組合の力が企業ごとに限られ<u>がちになる</u>。

(地上 専門)

「わが国の労働組合は企業別労働組合である」ではなく、**「が多い」**となっ
ていて、これはつまり、企業別労働組合以外の存在も許容しており、それだ
け「ひろい」。

「帰属意識が強いことによるものである」とせずに、**「等による」**と、**「等」**
をつけている。これはつまり、別の理由も許容しているわけで、それだけ「ひ
ろい」。

「企業ごとに限られる」ではなく、**「がちになる」**となっている。これはつまり、
そうではない場合も許容しているわけで、それだけ「ひろい」。

以上の点で、じつに択一式の正解らしい、正解である。

うっかりポイント

・・・

わが国の荘園に関する記述A〜Eから正しいものを選んだ組合せは、次のうちどれか。

A 大化の改新後、班田収授の法によって大王の直轄地とされた屯倉を国造や県主が侵食し、私有地としての荘園を成立させた。

B 墾田永年私財法が制定されたあと、有力な貴族や大寺院は未開発の山林や原野を私有し、荘と呼ばれた倉庫などを中心に墾田の開発を進めた。

C 平安時代初期、摂関家と呼ばれた藤原氏は一族で官職を独占し、地頭を派遣して地方の荘園を自己の荘園に併合したために、各地で豪族や農民の反乱が起こった。

D 平安時代の中頃、開発領主と呼ばれた地方豪族は、国司の収奪に対抗して、中央貴族や大寺社に所領を寄進し、荘官として支配権を確保した。

E 鎌倉幕府が成立すると、各地に派遣された守護は任国に定着して大名化し始め、貴族や寺社の荘園を私領化して幕府からの独立を図った。

1 A・C

2 A・D

3 B・D

4 B・E

5 C・E

ABは荘園の成立関連、**CDE**は荘園にまつわる勢力争い関連だ。

こういうふうに2つ選択肢を選ぶ問いでは、同じ話題のうちから2つ正解になることはない。

必ずちがう話題の中から1つずつ正解になる。

この問いでいえば、**AB**、**CD**、**CE**、**DE**、の組み合わせが正解ということはないわけだ。

ついうっかり同じ話題の中から選んでしまわないように。

それから、ごくたまに次のような問いがある。つい正しいものを選ぼうとしてしまったりする。これで点を落としたらツライ。気をつけよう。

今年の出来事に関する記述として<u>誤っているもの</u>は、次のうちどれか。

解ける考え方

この章で紹介する裏ワザは…

考え方ひとつで、
知識がなくても
選択肢の正誤が判断できることがある。
ここではそうした考え方を紹介する。
じつにちょっとしたことではあるが、
意外に有効なものである。

レベル **4**

なぜそういう選択肢があるのか

ニセの選択肢が正解を教えてくれる。
ニセの選択肢から正解を推理しよう。

まずは1問！

次の古文の主旨として、最も適切なものはどれか。

（本文省略　古文）

✗ 1　能を演ずるには心の緊張が必要であり、緊張を持続するのは１日が限度である。

○ 2　何日間も続けて能を上演する場合は、最初の１日ぐらいは控えめにして、別の大事な日に得意な芸を精根込めて演ずるのがよい。

（国Ⅰ 教養）

1 が✗なのはわかるだろう。「**緊張を持続するのは１日が限度である**」などと、科学教養番組の内容みたいになっているし、それでは連日の上演はできないし、緊張のつづく日数の話なんてくだらないことが出題されるわけもない。

しかし、✗だからといってすぐに目を離してはいけない。「なぜ、こういう選択肢があるのか？」と考えてみよう。あるからには、受験者がひっかかるだけの魅力があるはずなのだ。

緊張が１日しかつづかないというところがとってつけたようでおかしいわけだ。とすると、「１日」というのが正解の要素ということは充分考えられる。だから、気をひくための添加物として、ニセの選択肢に入れたわけだ。

　他の選択肢を見てみると、**2**にやはり「１日」というのがある。

　そう、**2**が正解なのである。

　1で何かヘンだと思ったあとで、**2**を読むと、なるほどという感じで、**1**のような極端さがなく、**1**が**2**をもとにしたニセの選択肢であることがよくわかるだろう。

　1にひっかかる受験者は少ないだろう。しかし、たんに**1**を消去するというだけでは、もったいない。

　ニセの選択肢というのは、必ず正解を教えてくれるものである。これを利用しない手はない。

　とくに、特徴のあるニセの選択肢は、大きな手がかりになる。

　このように、何か内容に無理のある、妙な選択肢がならんでいることがある。そういう場合には、そこに無理に入っている中心要素について、２つの場合が考えられる。

　１つは本文の要素を入れているということ（〝対応・そのまま〟）。

　もう１つは、正解の要素であるということ。したがって、この要素の入っている選択肢が他にあれば、それが正解である可能性が高い。

裏ワザのキモ！

　おかしな選択肢があったら、それに似ていてマトモな選択肢が正解だ。

さらに過去問を解いていこう！

過去問

次の文章の主旨として最も妥当なものはどれか。

（本文省略）

○**2**　歴史の比較研究は、類似性を明らかにすると同時にそれを手掛かりとして異質性を明らかにするものである。

✕**3**　歴史的個性の探求は、類似性のある歴史の比較ではなく類似のない歴史の比較から得られる。

（地上 教養）

　2と**3**はよく似ているが、**3**のほうはよく読むと何を言っているのか意味不明だ。**2**を読むと、なるほどという感じで、**3**の出所がわれた感じがしないだろうか。**2**という正解から、**3**という不正解を作り出しているので、**3**のほうはムリが生じてしまっているのだ。

　このように、よく似た選択肢があって、片方の内容にムリがあったり、よくわからない選択肢だったりした場合、もう一方のほうが正解である。

過去問

次の文の内容に合致するものとして最も妥当なのはどれか。

（本文省略）

○**4**　死に臨んだ状態では、初めに言葉を覚えるときと同じくらい激しい跳躍を目前にしているため、かつての記憶によって死後の世界まで言葉の階段が続いているという錯覚に陥る。

✕**5**　死者の言葉の中へ飛び上がることで、言葉を話して生きていることがどんなに幸せかということに気がつくものである。

（国税 教養）

5の「死者の言葉の中へ飛び上がること」はまるでわけがわからない。もちろん✕だ。「死に臨んだ状態では、初めに言葉を覚えるときと同じくらい激しい跳躍を目前にしている」という4は、似ていて、いくらかはわかりやすい。4が正解だ。

ニセもの
or
本物

レベル
4

✖になれるか

その選択肢が✖になれるか考えてみよう。
✖になれないものは、すなわち正解である。

まずは1問！

過去問

国政調査権に関する次の記述のうち、妥当なものはどれか。

1 国政調査権は、現に訴訟継続中の裁判や裁判官個人の資質等についても及ぶ。

2 権力分立原理に基づき、行政権行使の全般を国政調査の対象とすることはできない。

3 独立行政委員会の活動については、国政調査権は及ばない。

○**4** 法案審議の資料収集のためであっても、個人の思想や信条などを調査することは許されない。

5 議員は、国政調査のために必要があれば、裁判所の令状を得て関係書類等の捜査・押収ができる。

(地上 専門)

　1がもし✖なら、「**国政調査権は、現に訴訟継続中の裁判や裁判官個人の資質等についても及**」ばない、となり、そういうことはあるかもしれない。

　2がもし✖なら、「**行政権行使の全般を国政調査の対象とすることはでき**」る、となり、そういうことはあるかもしれない。

　3がもし✖なら、「**独立行政委員会の活動については、国政調査権は及**」ぶ、となり、そういうことはあるかもしれない。

5がもし✖なら、「**議員は、国政調査のために必要があ**」っても、「**裁判所の令状を得て関係書類等の捜査・押収ができ**」ない、となり、そういうことはあるかもしれない。

　しかし、**4**がもし✖なら、「**法案審議の資料収集のためであ**」れば、「**個人の思想や信条などを調査することは許され**」る、となり、これはとてもありそうにないことだ。

　「もし✖なら」と考えてみると、✖にできない選択肢がある。

　この視点から正解できることもある。

裏ワザのキモ！

✖にできない選択肢は、すなわち正解である。

さらに過去問を解いていこう！

過去問

　行政手続きに関する次の記述のうち、妥当なものはどれか。

○2　行政手続きに関し法的規制がなされるなどして、行政権の行使に明確な基準が与えられ、これが円滑に機能すれば行政の民主化、合理化等にとって非常に役立つ。

（国Ⅱ 専門）

　「**行政手続きに関し法的規制がなされるなどして、行政権の行使に明確な基準が与えられ、これが円滑に機能**」したとして、「**行政の民主化、合理化等にとって**」役立たない、なんてことがありうるだろうか。✖にならない。

レベル

4

〔第4章〕解ける考え方

言葉のイミ

言葉の意味を考えてみよう。

まずは1問！

次の記述のうち誤っているものはどれか。

○1 庭の石灯籠は<u>不動産</u>である。

2 庭に植えられたみかんの木は不動産である。

3 庭に植えられたみかんの木になっているみかんは不動産である。

4 庭の石垣の石は不動産である。

5 庭の井戸は不動産である。

（地上 専門）

「**不動産**」という文字を見てみると、不動の、つまり動かない産、ということになる。「**石灯籠**」はどう考えても動くものだ。

　他の「**みかんの木**」やそこに「**なっているみかん**」や「**石垣の石**」や「**井戸**」は動いてそこに来たわけではないし、動かすことができないし、土地にくっついている（みかんはもぐことができるが、もともとそこの土地から発生したもので、動かしてもってきたものではない。石垣の石を動かすと、石垣がくずれてしまう）。

　このように、言葉の意味をあらためて考えてみることも助けになることがある。

言葉の意味をあらためて考えてみると、それだけで正解や✘肢がわかることがある。

さらに過去問を解いていこう!

過去問

行政管理の手法に関する次の記述のうち、妥当なものはどれか。

✕2 <u>ゼロ・ベース予算方式</u>とは、新年度予算を前年度予算と同額に据え置くことで、<u>対前年度比の伸び率をゼロにしようとする方式</u>である。

(地上 専門)

「前年度比の伸び率をゼロにしようとする方式」を**「ゼロ・ベース予算方式」**としているわけだが、**「ゼロ・ベース予算方式」**というのがなんだかまったくわからないとしても、ベースがゼロというのが、伸び率ゼロという意味とはとても思えないだろう。

つまり、✕ということだ。

過去問

ピューリタン革命に関する次の記述のうち、妥当なものはどれか。

✕3 議会派のうちより<u>急進的な水平派</u>は「人民協約」を作成し、特権の概念を拡張して人権の概念を確立した。この意味で特権と人権は同質性を有しているが、水平派の思想は、マグナ=カルタを擁護するなど、大権的特権という伝統的枠組を抜け出るものではなかった。

(国Ⅰ 専門・行政)

「水平派」がいかなるものかまったく知識がなかったとしても、**「水平」**という名称なのだから、**「より急進的」**というのはふさわしくないだろう。

とすれば、これは✕だということだ。

行政思想に関する次の記述のうち、妥当なものはどれか。

✖4 技術的行政学は、立法と行政の概念を峻別し、行政を立法機関が制定した法律の技術的遂行過程として把握するとともに、行政目的に対する価値判断も考察の対象とした。

（地上 専門）

4 だが、「**技術的行政学**」というのがなんのことかさっぱりわからなくても、「**技術的**」なのに、「**目的に対する価値判断も考察の対象とした**」というのがヘンなのはわかるはずだ。目的に対する価値判断というようなものは、技術の分野のものではない。誤りに決まっている。**✖**だ。

能率に関する次の記述のうち、妥当なものはどれか。

✖1 機械的能率とは、作業成果という計測可能な客観的基準と、行政目的に対する評価に従って、その能率の高低を評価する概念である。

（地上 専門）

「**機械的能率**」という言葉の意味は知らなくても、「**機械的**」という言葉の意味からして、「**目的に対する評価**」というのはおかしいとわかるだろう。

　まったく内容と関係のない名称がつくことはないし、名称に使われる言葉はやはり内容を表わしている。だから、用語を分解してその一部分の言葉の意味からだけでも、ある程度**✖**肢がわかることがあるのだ。

レベル

4

〔第4章〕解ける考え方

制度の趣旨を考えてみる

知識がなくてわからない場合も、
その制度の趣旨を考えてみれば✖肢に気がつける。

まずは1問！

過去問

　民法上の指名債権譲渡に関する次の記述のうち、妥当なものはどれか。

✖1　譲受人は、譲渡人に代位して債務者へ確定日附のある譲渡の通知
をなすことにより、債務者およびそれ以外の第三者に対して債権の
取得を対抗することができる。

〇2　譲渡禁止特約のある債権を、譲受人が特約の存在を知って譲り受け
た場合において、債務者が当該債権の譲渡について承諾を与えたときは、
当該債権譲渡は譲渡のときに遡って有効となるとするのが判例である。

✖3　債権が二重に譲渡された場合には、譲受人相互の間の優劣は、譲
渡の通知または承諾に付された確定日附の先後によって定められる
べきであるとするのが判例である。

✖4　債権が二重に譲渡された場合において、第一の譲渡の通知に確定
日附がなく、第二の譲渡の通知に確定日附があるときでも、第一の
譲受人も債務者に対する対抗要件は具備しているから、債務者は第
一の譲受人の請求を拒むことができないとするのが判例である。

✖5　債権譲渡について債務者が異議を留めない承諾をした場合には、
債務者は譲受人の善意悪意にかかわらず譲受人に対抗することがで
きた一切の事由を譲受人に対抗することができないというのが判例

である。 (国Ⅰ 専門・行政)

1だが、もし譲受人のほうが勝手に通知できるとすると、譲渡がちゃんとなされていないのに勝手に通知してしまう可能性がある。制度はなるべく間違いの起きないように制定されるわけで、これが正しいわけはない。

3だが、債務者の側に立ってみると、2通同時に届いたのならともかく、どちらかが先に来れば、その譲渡のみを先に認識することになる。とすれば、通知の届いた日付で優劣を決めるのは制度としてマズイだろう。

4だが、これも債務者の立場になってみると、二重に譲渡されたことで、二重に請求されたのではたまったものではない。双方の請求を認めるのは制度としてマズイだろう。

5だが、「**異議を留めない承諾**」によって「**譲受人に対抗することができた一切の事由を譲受人に対抗することができない**」ということは、これは明らかに譲受人を保護することが制度の趣旨である。だとすれば、保護される側に悪意があった場合でも保護されるということはないだろう。

（もちろん、制度をうまく利用して悪意ある人間が保護を受けたりすることは、いくらでもあることだが、しかし、そういうことのある法律をわざわざ正解として答えさせるということは考えられない。したがって、悪人がまかり通るようなことを言っている選択肢は✖と思っていいのだ）

2だが、譲渡禁止特約は、債務者の利益を守るためのものであるという制度の趣旨を考えれば、債務者が承諾を与えたのなら、問題はないことになる。これが正解である。

裏ワザのキモ！

制度の趣旨を考えてみれば、これが正解のはずはないと、✖肢に気づける。

レベル

4

〔第4章〕解ける考え方

具体的に
考えてみる

知識がなくても、「もしそうだったらどうなるか」と考えてみよう。
✖肢がわかることがある。

まずは1問！

過去問

　親子に関する次の記述のうち、妥当なものはどれか。

✖3　親権は父母が共同して行わなければならないので、父母の一方が
　　　他方の意思に反して共同の名義で子に代わって行った法律行為は、
　　　その法律行為の相手方の善意・悪意にかかわらず無効となる。

(国Ⅱ専門)

　法律行為の相手方の立場に立ったとき、その法律行為が共同の名義で行われれば、それが他方の意思に反していることはわからない場合があるだろう。悪意があった場合はともかく、善意の場合、それであとから無効ではひどすぎる。と考えてみると、これは✖だ。

裏ワザのキモ！

　もしそうだったら、どうなるか？　と具体的に
考えてみよう。そうすると、✖肢だとわかること
がある。

行政事件訴訟法上の処分の執行停止に関する次の記述のうち、妥当な
ものはどれか。

✕5 行政処分のうち行政上の強制執行については、<u>その取消しの訴え</u>
<u>が提起された場合には、当然にその執行が停止される</u>。

（国Ⅱ 専門）

「**取消しの訴え**」を提起されただけで「**当然にその執行が停止される**」ので
あれば、強制執行されたくない者はとにかく訴えればそれでいいことになり、
むやみやたらと訴えるに決まっている。そんなことがありうるわけはない。
✕だ。

日本国憲法第19条の「思想及び良心の自由」に関する記述として、
妥当なものはどれか。

✕1 「思想及び良心の自由」とは、いわゆる「内心の自由」という概
念よりはひろく、その思想および良心の発表としての<u>外部的行動の</u>
<u>自由を含む</u>。

（地上 専門）

「**外部的行動の自由**」を具体的に考えてみると、これはコワイものがある。
「**思想及び良心の自由**」が「**内心の自由**」であるなら、これはどんなに自由
でも問題ないだろう。「殺人はいいことだ」と思っていても、思っているだ
けなら問題はない。

　しかし、それを実際に行動にうつしたら、これは大問題だ。「**外部的行動
の自由**」を認めるということは、それも認めてしまうということだから、こ
れはありえない。**✕**だ。

　　AはBの代理人としてB所有の家屋をCに譲渡する旨の売買契約を締結した。この場合の法律関係に関する次の記述のうち、妥当なものはどれか。

✗1　Aが未成年者であって、Cがそのことを知っていた場合には、BはAが行為無能力者であることを理由として当該売買契約を取り消すことができる。

✗2　AがCの詐欺により契約を締結した場合には、代理行為に起因する取消権は特別の授権がなくても代理人に帰属するから、Aは当該売買契約を取り消すことができる。

✗3　AがCと契約を締結した後に本人Bが第三者Dに当該家屋を譲渡した場合には、Cが先に登記しても、Dは当該家屋の所有権取得をCに主張することができる。

✗4　Aは実際には家屋の賃貸借に関する代理権限を与えられていたにすぎず、かつ、Cがそのことを知っていた場合であっても、Cはすでに登記を得ていたときは、当該家屋の所有権取得をBに主張することができる。

○5　Aは実際には家屋の賃貸借に関する代理権限のみ与えられていたにすぎない場合であっても、CはAに売買契約を締結する権限があると信ずべき<u>正当な理由があるとき</u>は、当該家屋の所有権取得をBに主張することができる。

(国Ⅱ 専門)

　1が正しいとすると、この問題で問いたかったのは、未成年者は代理人になれない、ということになる。それを問うのが目的にしては、問いがヘンではないだろうか。主題が売買契約にあるのは、他の選択肢を見ても明らかだ。つまり、この選択肢は**✗**。

2 だが、これだとＡはＢに関係なく契約を取り消せることになる。代理人があとから勝手に契約を取り消すことができるなんてことでは、いくらなんでも代理人の権利がありすぎだろう。✖だ。

3 だが、これがもし許されるとしたら、おそろしくて代理人とは契約ができない。そんなことがあるはずはないから、✖だ。

4 だが、権利がないことを知っていて契約して、それが通用するはずはない。万が一そういう法律の穴があったとしても、そこがわざわざ問われることはありえない。✖だ。

5 だが、**4** とは事情を変えてある。「**正当な理由があるときは**」というのだから、これは主張できてもおかしくないだろう。

過去問

賃金支払債権についての次の記述のうち、正しいものはどれか。

✖ **2**　労働者が未成年者の場合には、親権者は当然に賃金を受け取る権利を有する。

✖ **3**　賃金支払債権が労働者から第三者に譲渡された場合、会社はその第三者に対して賃金を支払わなければならない。

（地中 専門）

労働者本人ではなく、他の者がその賃金を受け取れるとしたら、誰かが自分のために他の者を働かせるということが可能になる。

これではいろいろと悪事を働く者が出るだろう。

とすれば、こういうことは許されないはずだ。

つまり、これらの選択肢は✖。

　次のA〜Eは5人の思想家の職業観についての記述であるが、そのうちその時代の社会一般に影響を及ぼすことが最も少なかったと考えられているものは、次のうちどれか。

A　ルターは、人はその世俗の職業にいそしむことによって天国へ至ることができ、正統（当）な職業は貴賤の別はないとして神の前の万人の平等を説いた。

B　カルヴァン（カルビン）は、人がその職業に励むことは神の意志に添うものであり、その職業から得られる利益は神からの贈り物であるとして、勤勉、倹約、蓄財を奨励した。

C　石田梅岩は、「士の禄」と「商人の利」とは同じ性質のものであり、商人が倹約と正直で利潤を得ることは「天理」であり、この「商人の道」は「士農工商の道」と同じであると説いた。

D　安藤昌益は、「法世」（現実の社会）に「盗乱」が絶えないのは、武士のような「不耕貪食」の者がいるためと考え、万人が農耕に従事する「直耕の道」が「自然世」（理想社会）であると説いた。

E　二宮尊徳は、農業指導者として「農は万業の大本」と主張し、「分度」「推譲」「親睦協和」など、勤倹貯蓄に励み、人のために譲り、分を守るという信条を農民に説いた。

1　A

2　B

3　C

〇**4　D**

5　E

(国Ⅱ 教養)

「その時代の社会一般に影響を及ぼすことが最も少なかったと考えられているものは、次のうちどれか」という問いである。

　で、Aは「人はその世俗の職業にいそしむこと」をよしとしていて、
　Bは「勤勉、倹約、蓄財を奨励し」、Cは商人の道を正当化し、
　Eは「勤倹貯蓄に励み、人のために譲り、分を守るという信条を農民に説いた」。
　どれも、受け入れられそうなものである。

　だが、Dは、「武士のような『不耕貪食』の者がいる」と言っているから、武士のいる時代のことである。
　その時代に、「『盗乱』が絶えないのは、武士のような『不耕貪食』の者がいるため」と言い、武士はいらない、みんなで「農耕に従事」しようと言っているのだから、これはとても受け入れられそうにない。
　だいたい、それで武士が減ったなんて話は聞いたことがない。

　A～Eに出てくる人物や思想を何ひとつ知らなかったとしても、その思想内容から考えてみれば、「その時代の社会一般に影響を及ぼすことが最も少なかったと考えられているもの」は、明らかだ。

　AがBに対してA所有家屋の売却を委任した、という場合の法律関係に関する次の記述のうち、妥当なものはどれか。

✗2　AもBも、何時でも委任契約を解除でき、解除がなされれば契約は締結時に遡って失効する。

(地上 専門)

　たとえばBの立場に立って考えてみると、せっかく報酬等の契約をしても、**「契約は締結時に遡って失効する」**ということになると、それまでの分の報酬も法的には請求できないことになってしまう。

　そんなバカなことはないだろう。

　✗だ。

　請願権に関する次の記述のうち、妥当なものはどれか。

✗2　請願権は、その行使の相手方である機関に対し、請願を受理し、かつ、請願内容に応じた措置をとる義務を負わせるものである。

(国Ⅱ 専門)

　請願されたら、必ずかなえなければならないなんて、そんなバカなことがあるはずはない。

過去問

国会議員の特権に関する次の記述のうち、妥当なものはどれか。

✘ 4 国会議員は、院内で行った演説については、それが政治的内容の
ものであるか否かにかかわらず責任を問われない。　　　（国Ⅱ専門）

これが正しいとすると、たとえば、どんな目的でどんなウソをついても、
なんの責任も問われないことになってしまう。そんなことは許されないだろ
う。

過去問

職業選択の自由に関する次の記述のうち、判例に照らして妥当なもの
はどれか。

✘ 5 事業の健全化は事業者の経営判断に委ねられるものであるから、
自動車運送事業の経営について届出制をとることは格別、これを<u>免
許制とすることは職業選択の自由に違反する</u>。　　　（地上専門）

免許制の仕事はいくつもある。自動車運送事業を「**免許制とすることは職
業選択の自由に違反する**」のなら、他の職業だってそうであるはずで、これ
は現実に反する。✘だ。

　憲法35条の規定する令状主義の原則に関する次の記述のうち、判例に照らして妥当なものはどれか。

✖5　押収令状には押収する物の記載が必要であり、この記載は<u>押収対象を具体的かつ正確に特定してなされなければならない</u>。

（地上 専門）

　押収するものがわかっている場合もあるだろうが、ハッキリしない場合もあるはずだ。これは無理難題というもので、正しいはずがない。

解く手順

　たとえば文章理解の問題なら、まず本文を読んで、答えを考え、選択肢を見る——というようなおそろしく要領の悪い解き方をしている人は、もういないとは思うが、ねんのため、ここで、どういう手順で解くのがいちばん効率がいいのか、紹介しておくことにしよう。

　まず、問いの文を読む。「……もっとも合致するものを選べ」というところだ。ここに重要な情報が含まれていることがあるし、先にも注意したように「誤っているものを選べ」ということもある。さっとながしてしまう人が多いが、ここはちゃんと読むようにしよう。

　それから、文章理解などで本文がある場合は、まずとばす。これは裏ワザを使う場合に限らず、マトモに解く場合でも同じことだ。同じ読むにしても、先に選択肢を見て、何が問われているのかを知ってからにしたほうが、ずっと効率がいい。いじわるクイズの古典に、「最初のバス停で10人乗って、次のバス停で3人乗って5人降りて……」とさんざん説明し、聞いているほうが人数の足し算、引き算を一生懸命やっていたら、最後に「バス停はいくつあったでしょう？」と問うのがあるが、人数を気にしていて、そっちはわからなかったりする。これは、最初からバス停の数を聞くとわかっていれば、じつに簡単なクイズになる。選択肢を見てから本文を見たほうがいいというのも、基本的には同じことだ。

そして、選択肢を1つずつぜんぶ読む。第1章「✖肢がわかる裏ワザ」のところで紹介した裏ワザで✖とわかる選択肢には、このときすでに気づけるわけで、そういう選択肢には✖印をつける。

　それから、選択肢どうしを比較し、裏ワザを駆使する。「グループ分け」や「同じ言葉」や「絡み合い」等だ。選択肢を比べるときは、先に✖とわかっている選択肢も無視しないように。それどころか、✖肢こそが正解を教えてくれるということを決して忘れないように。

　たいていこれで解けるわけだが、不安があるときや、解けないときは、文章理解などで本文があれば、本文を見る。このときまず「対応・そのまま」の考え方で見てみる。それでもダメなら、マトモに解くしかない。それも無理なら、「正解の性質」で選んでみるしかないだろう。

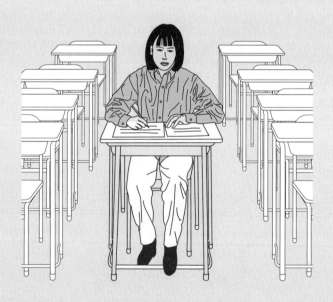

第5章

特殊問題の
裏ワザ

この章で紹介する裏ワザは…

ここでは、
特殊な形式の問題の
裏ワザを紹介する。

〔第5章〕特殊問題の裏ワザ

組み合わせ問題

選択肢間の共通項に点数をつけていく。
さらに、どの選択肢と共通項をもつかチェックする。

まずは1問！

過去問

わが国で通信回線を用いてコンピュータのデータを送受信する方法としては、一般に次のア〜エが考えられる。

ア　デジタルデータをアナログデータに変換して、通常のアナログ公衆回線（いわゆる電話回線）を用いて送受信する方法。

イ　A社とB社の間にデジタル専用回線を敷設する方法。初期投資を行えば、あとは月極のメンテナンスの費用だけである。

ウ　デジタルデータ用の公衆回線を用いて送受信するもので、回線が相手とつながると、その通信が終了するまでの時間に対して課金される。

エ　デジタルデータ用の公衆回線を用いて送受信するもので、相手との接続作業が不要であり先端にアドレスを付けて適当な長さごとに転送する方式、実際にデータが送られている時間に対して課金される。なお単位時間当たりの課金はウより高い。

以下の**A**〜**D**の通信例と上記ア〜エの方式を利用目的に応じさせたとき、最適な組合せはどれか。

A　コンビニエンスストアにおいて、毎日2回ずつ売上げデータを本部

に送るために使用して、それ以外には使用しない。ただし、送受信されるデータは非常に多い。

B 　旅行会社の店頭にある端末とその本部の大型コンピュータとの間で使用されるもので、主として乗車券や航空券の予約に使用される。

C 　研究機関の間で使用されるもので、電子メール、電子会議などに昼夜を問わず頻繁に使用する。

D 　子供がパソコンで作成した日記を単身赴任中の父親に毎日送る場合に使用する。

```
         A   B   C   D
   1    ⓘ  ア  エ  ウ
   2    ⓘ  ⓔ  ウ  ⓐ
   3    ⓤ  イ  ア  エ
  ○4    ⓤ  ⓔ  ⓘ  ⓐ
   5    エ  ウ  ⓘ  ⓐ
```

（国Ⅰ 教養）

文章はいっさい読む必要なし。選択肢だけ見れば正解がわかる。

選択肢どうしを比較して、共通する記号をチェックする。

具体的には、**1〜5**の選択肢の記号をタテに見ていく。**A**の列は「**イイウウエ**」。２つ以上ある記号にマルをつける。**A**の列では「**イ**」と「**ウ**」。同じようにして、**D**の列までマルをつけていく。

マルがいちばんたくさんついている選択肢は4。

そして正解は**4**なのである。

裏ワザのキモ！

より多くの選択肢と共通項をもつ選択肢が正解。

さらに過去問を解いていこう!

過去問

　表は一般会計予算を主要経費別に分類し、社会保障関係費、防衛関係費、公共事業関係費、地方交付税交付金の構成比(当初予算ベース)を、昭和30年度、40年度、50年度、60年度について示したものである。**A**〜**D**に該当する経費の組合せとして、正しいものはどれか。

(本文省略　図版)

	A	**B**	**C**	**D**	
1	社会保障関係費	防衛関係費3	地方交付税交付金	公共事業関係費1	4
2	公共事業関係費1	地方交付税交付金	社会保障関係費2	防衛関係費	3
○3	地方交付税交付金1	防衛関係費3	社会保障関係費2	公共事業関係費1	7
4	公共事業関係費1	防衛関係費3	社会保障関係費2	地方交付税交付金	6
5	地方交付税交付金1	防衛関係費3	公共事業関係費	社会保障関係費	4

(国Ⅰ 専門・行政)

　最初の問題と同じ要領だが、マルをつける方法だと、わけがわからなくなりやすいので、点数をつけるようにするといい。

　具体的には、次のようなルールで点数を書き入れていく。

●同じものが2つの選択肢にあるときは1点。
　3つの選択肢にあるときは2点。
　4つの選択肢にあるときは3点。
　5つぜんぶにあるときは無視。
　同じものがないときも、もちろん無視。

この問題だと、まず**A**のところでは「**公共事業関係費**」が**2**と**4**の２つ
の選択肢にあるので、**2**と**4**の選択肢の「**公共事業関係費**」のところに、そ
れぞれ１と書き込む。

「**地方交付税交付金**」が**3**、**5**の２つにあるので、**3**、**5**の「**地方交付税交**
付金」のところにそれぞれ１と書き込む。

　以下、**B**のところ、**C**のところ、**D**のところも同様である。

　そして、それが終わったら、

●それぞれの選択肢ごとに点数を足す。

　今までは選択肢をタテに見てきたが、今度は選択肢ごとにヨコに見て、点
数を足すのである。

　この問題だと、**1**は「**防衛関係費**」が３、「**公共事業関係費**」が１で、合
計４点だ。

　1の最後のところに「４」と書き込む。

　以下、**5**まで同様にすると、前ページの図の書き込みのように点数が出る。

　3がいちばん得点が高い。そして、

●得点のもっとも高い選択肢が正解。

　つまり、**3**が正解だ。

次のア〜オに当てはまる言葉の組合せとして、妥当なものはどれか。

（本文省略）

	ア	イ	ウ	エ	オ		
○**1**	歴史1	身分2	経済1	基本的人権2	市民2	8	3254
2	民主1	身分2	政治2	基本的人権2	政治1	8	4153
3	歴史1	職業1	政治2	自然権1	市民2	7	1425
4	民主1	職業1	経済1	自然権1	政治1	5	231
5	経済	身分2	政治2	基本的人権2	市民2	8	123

（地上 教養）

　それぞれの選択肢の点数を出しただけでは、この問いの場合、**1**、**2**、**5**がともに8点で、選択肢を3つに絞ることしかできない。

　そういう場合は、さらに、

●どの選択肢と共通項をもっているのかチェックする。

　1の選択肢は、アのところで**3**と共通項（「**歴史**」）をもつ。だから、まず選択肢のおしりのところに、その選択肢番号の**3**を書き込む。

　イのところでは、**2**、**5**に共通項（「**身分**」）があるので、選択肢のおしりのところにさらに**2**と**5**を書き込む。

　ウのところでは、**4**と共通項（「**経済**」）をもつので、選択肢のおしりのところにさらに**4**と書き込む。

　これで**1**自身以外のすべての選択肢と共通項をもっていることになるので、あとはもうチェックする必要はない（同じ選択肢と何度共通項をもっていても、1回チェックすればそれでいい）。

　ということを、すべての選択肢についてやっていく。

すると、前ページの書き込みのようになる。

そして、先に「得点のもっとも高い選択肢が正解」と書いたが、これはより正確に言うと、

●より多くの選択肢と共通項をもつ選択肢が正解。

なのである。

正解候補の**1**、**2**、**5**のうち、**5**は**1**、**2**よりも共通項をもつ選択肢の数が少ない（**1**、**2**は４つ。**5**は３つ）。

正解候補を**1**、**2**の２つにまで絞ることができる。

この問いでは残念ながら、この方法ではここまでだ。このように、選択肢を絞り込むだけで終わることも多い。

ちなみに、**1**が正解である。

なお、このやり方は絶対ではない。間違えることもある。マトモに解いてわからないときや、どうしても時間がないときだけに使ったほうがいい。

それから、〝**逆グループ分け**〟のこともある。受験者が知識なしには容易に見抜きにくい問題、あるいは誤解しやすい問題では、正解はかえって、少数グループのほうに属し、共通項を多くもたない。それはそうだろう、多くの選択肢を同じにしたのでは、せっかく答えのわからない受験者を、かえって正解に導くことになる。むしろ、かんちがいを起こさせるような間違いを多くの選択肢に置いておいたほうが、受験者がひっかかってくれていい。

このことから言えるのは、難易度の高い問題で、１項目でも確実に正しいと思ったときには、「これが正しいと思うのだが、この選択肢以外はぜんぶちがうのになってるしな〜」などと悩まなくていいということだ。そういう場合もあるのだから、自信をもって選んでいい。

次の文中の空所に入る語句の組合せとして、適当なものはどれか。

　カントが、当時の物理学理論の方法を一般化して哲学も含めたすべての学問の確実な方法論を形成しようと試みた際、その中心的な問題点は、経験的であってもなお絶対的に確実な知識があるといわれるのはなぜであるかということであった。このため、カントはア・プリオリな直観の形式及び悟性の形式によって構成される先験的（A）の可能性を主張する。そしてこれを支持する1つの例として、例えば、"5＋7＝12"というような数学の命題は（B）であるとする。

　しかし、このような解釈は、論理学における推論を主として1つの命題の中の主語と述語の概念の包摂関係を中心として考えてきた伝統的な形式論理学の考え方から生まれたものである。数学の基礎的部分を含むことのできるように拡大された新しい形式論理学では、"5＋7＝12"という命題の確実さは、主語にあたる"5＋7"と述語にあたる"12"という概念の関係によってではなくて、"5＋7＝12"という1つの命題が論理的に演繹されるような公理系が存在するかどうかに依存している。そして、このような公理系をつくることができ、その公理系の定理であるから、それはまさに（C）ではなくて（D）であるといわねばならない。言いかえれば、総合的とか分析的とかということを区別する仕方が、伝統的な形式論理を指し、新しいそれとは異なっているのである。

　□ 分析的命題とは、主語概念に述語の意味が既に含まれ、それをただ論理学の法則に従って矛盾を生じないように述語として主語に付け加えた命題。

　□ 総合的命題とは、主語概念の中に存在しない意味を有する述語を新たに主語に付け加えた命題。

	（A）	（B）	（C）	（D）
○1	総合判断 ══ 総合的命題 ══ 総合的命題			分析的命題
✘2	分析判断	総合的命題	分析的命題	総合的命題
3	総合判断 ══ 総合的命題		分析的命題	総合的命題
4	分析判断 ══ 分析的命題		総合的命題	分析的命題
✘5	総合判断	分析的命題	分析的命題	総合的命題

（国Ⅰ 教養）

　最後に、おまけの裏ワザを。組み合わせ問題は、選択肢を利用しながら組み合わせで解く、というやり方をすると、マトモに解く場合でも、知識なしに解けることがある。ちょっとやってみよう。

　問われている付近を見ると、「**（A）……を支持する1つの例として、例えば……の命題は（B）であるとする**」とある。（A）と（B）には、同じものが入る可能性がきわめて高い。選択肢の（A）と（B）の組み合わせで、同じになっているのは1、3、4。2、5は✘とわかる。

　次に（C）の辺りを見ると、「**それはまさに（C）ではなくて（D）であるといわねばならない**」とある。（C）と（D）には逆のことが入るのがわかる。さすがにここまで逆が入るのが一目瞭然だと、選択肢もちゃんとぜんぶ（C）と（D）には逆のものがきている。判断材料にはならない。

　（A）（B）と（C）（D）のつながりはどうか。（A）（B）が最初の段落の最後にあり、「**しかし**」と次の段落が始まっている。そして、「**それはまさに（C）ではなくて（D）であるといわねばならない**」とある。「**しかし**」なのだから、（D）には（A）（B）と逆のものが入り、（C）には（A）（B）と同じものが入ると考えられる。

　（C）（D）はどの選択肢も逆になっているのだから、（B）と（C）を見て、同じになっている選択肢を選べばいい。選択肢を見てみよう。

　（B）と（C）が同じになっている選択肢は1、3、4のうち1だけだ。正解は1。もちろん、あっている。

文整序問題

選択肢間の、最初と最後の記号の共通項を見る。
それから、記号の同じつながりをさがす。

まずは1問！

過去問

次の ▢▢▢▢▢ の文の後に、A〜Fを並べ替えて続けると意味の通った文章になるが、その順序として最も妥当なのはどれか。

（▢▢▢▢ の文とA〜Fの文は省略）

1 E→C→F→A→D→B

2 E→F→C→D→A→B

3 F→B→E→D→C→A

4 F→C→A→D→B→E

5 F→D→C→E→B→A

（国Ⅰ 教養）

　文整序問題は、順番を問う問題なので、組み合わせ問題とちがって、ただたんに選択肢をタテに見たのでは意味がない。

●記号の同じつながりをさがす。

　この問いでは、A〜Fの6つの記号が出てくるが、A〜Fの記号について、それぞれ → で次に何につながっているか、**1〜5**の選択肢をチェックする。

　そして、同じつながりがあったら、マルで囲む。

　ただそれだけの単純作業だから、短時間ですぐにできる。

Aが→で次に何につながっているか、**1**～**5**の選択肢をチェック。
B～Fについても同様に。

A
1　A→D
2　A→B
3　ラスト
4　A→D
5　ラスト

1と**4**が同じつながりなので、両方をマルで囲む。

B
1　ラスト
2　ラスト
3　B→E
4　B→E
5　B→A

3と**4**が同じつながりなので、両方をマルで囲む。

C
1　C→F
2　C→D
3　C→A
4　C→A
5　C→E

3と**4**が同じつながりなので、両方をマルで囲む。

D
1　D→B
2　D→A
3　D→C
4　D→B
5　D→C

1と**4**、**3**と**5**が同じなので、それぞれをマルで囲む。

E
1　E→C
2　E→F
3　E→D
4　ラスト
5　E→B

同じつながりがないので、何も印はつけない。

F
1　F→A
2　F→C
3　F→B
4　F→C
5　F→D

2と**4**が同じつながりなので、両方をマルで囲む。

以上のように、マルをつけていくと、下のようになる。

1　E→C→F→A→D→B

2　E→F→C→D→A→B

3　F→B→E→D→C→A

○4　F→C→A→D→B→E

5　F→D→C→E→B→A

もっともマルの数の多い選択肢が正解。

さらに過去問を解いていこう！

過去問

次の ▢▢▢▢▢ の文の後に、A〜Gを並べ替えて続けると意味の通った文章になるが、その順序として最も妥当なのはどれか。

（▢▢▢▢▢ の文とA〜Gの文は省略）

1 B→⟨D→F⟩→⟨G→A⟩→⟨E→C⟩

2 B→G→⟨E→C→D⟩→A→F

3 C→A→G→⟨D→F→B⟩→E

○4 ⟨C→D→F→B⟩→E→⟨G→A⟩

5 C→G→⟨B→E⟩→F→A→D

(国Ⅰ 教養)

　まずAは、**1**では「A→E」、**2**では「A→F」、**3**では「A→G」、**4**ではラスト、**5**では「A→D」で、同じつながりはないので、何も印はつけない。

　次にBは、**1**では「B→D」、**2**では「B→G」、**3**では「B→E」、**4**では「B→E」、**5**では「B→E」で、**3**、**4**、**5**が同じつながりなので、3つともマルで囲む。

　Cは、**1**ではラスト、**2**では「C→D」、**3**では「C→A」、**4**では「C→D」、**5**では「C→G」で、**2**と**4**が同じつながりなので、両方をマルで囲む。

　Dは、**1**では「D→F」、**2**では「D→A」、**3**では「D→F」、**4**では「D→F」、**5**ではラストで、**1**、**3**、**4**が同じつながりなので、3つともマルで囲む。

　Eは、**1**では「E→C」、**2**では「E→C」、**3**ではラスト、**4**では「E→

G」、**5**では「**E→F**」で、**1**と**2**が同じつながりなので、両方をマルで囲む。

Fは、**1**では「**F→G**」、**2**ではラスト、**3**では「**F→B**」、**4**では「**F→B**」、**5**では「**F→A**」で、**3**と**4**が同じつながりなので、両方をマルで囲む。

Gは、**1**では「**G→A**」、**2**では「**G→E**」、**3**では「**G→D**」、**4**では「**G→A**」、**5**では「**G→B**」で、**1**と**4**が同じつながりなので、両方をマルで囲む。

こういうふうにマルをつけていくと、マルの多い選択肢とマルの少ない選択肢に分かれる場合がある。そういう場合には、マルの数の多い選択肢が正解である確率が高いのだ。

この問いでも、**5**はマルが１つしかなく、**2**は２つ、**1**と**3**は３つ。**4**が５つで、マルの数がいちばん多い。その**4**が正解なのだ。

なお、こういうふうに選択肢ごとのマルの数にバラつきが出ない場合には、マルの数で正解を判断しないほうがいい。たとえば、**1〜4**の選択肢のマルの数がすべて３つずつで、**5**だけ４つというようなときは、バラつきがないので、**5**が正解とは限らない。

次の文の後に、A～Fを並べ替えてつなげると意味の通った文章になるが、その順序として最も妥当なのはどれか。

（本文とA～Fの文は省略）

1 A→C→E→F→D→B

2 A→E→D→F→B→C

3 E→A→D→B→C→F

4 E→D→A→B→F→C

5 E→F→A→C→B→D

（国Ⅰ 教養）

　まずAは、**1**では「A→C」、**2**では「A→E」、**3**では「A→D」、**4**では「A→B」、**5**では「A→C」となっている。

　1と**5**が「A→C」で共通している。両方をマルで囲む。

　次にBは、**1**ではラスト、**2**では「B→C」、**3**では「B→C」、**4**では「B→F」、**5**では「B→D」となっている。

　2と**3**が同じつながりなので、両方をマルで囲む。

　次にCは、**1**では「C→E」、**2**ではラスト、**3**では「C→F」、**4**ではラスト、**5**では「C→B」となっている。

　同じつながりはないので、どこにもマルはつけない。

　次にDは、**1**では「D→B」、**2**では「D→F」、**3**では「D→B」、**4**では「D→A」、**5**ではラストとなっている。

　1と**3**が同じつながりなので、両方をマルで囲む。

　次にEは、**1**では「E→F」、**2**では「E→D」、**3**では「E→A」、**4**では「E

→D」、**5**では「E→F」となっている。

1と**5**、**2**と**4**が同じつながりなので、４つともマルで囲む。

最後にFは、**1**では「F→D」、**2**では「F→B」、**3**ではラスト、**4**では「F→C」、**5**では「F→A」となっている。

同じつながりはないので、どこにもマルはつけない。

こういうふうにマルをつけていくと、**4**はマルが１つしかなく、**2**、**3**、**5**は２つずつ。**1**が３つで、マルの数がいちばん多い。その**1**が正解なのだ。

のように、なかなか使える方法なわけだが、このやり方も組み合わせ問題と同じで、必ずしも解けるとは限らないし、絶対ではない。

わからないとき、時間がないときのみ使うようにしよう。

（「こういう絶対ではない裏ワザは載せるな」というご批判の読者カードを数枚いただいた。しかし、わからないとか時間がないとか、そういう非常時には、適当に解くよりも、はるかに正解率が高いわけで、やっぱり知らないよりは知っておいたほうがいいと思う。１点でも貴重だからだ。そういうわけで、「あくまでも非常時用」という正しい用法を明示した上で、今年も載せておく）

数学的問題

とにかく図化する。

まずは1問！

過去問

　ある運送店にはA、B、C、D、Eの5人のトラック運転手がおり、毎
日2台のトラックにそれぞれ2人ずつ乗車勤務し、乗車しない者は勤務
を休む。今、EとAが同乗した翌日にBとD、その翌日にCとB、その
翌日にAとC、その翌日にAとBが同乗し、この間に同じ相手と2回以
上同乗した者はいないことがわかっているとすれば、次のうち確実にい
えることはどれか。

1　AはCが休んだ翌日に休んだ。

2　BはDが休んだ翌日に休んだ。

3　CはAが休んだ翌日に休んだ。

4　DはEが休んだ翌日に休んだ。

5　EはBが休んだ翌日に休んだ。

（国Ⅰ 教養）

数 的推理と判断推理については、畑中敦子先生との共著で、『公務員
試験 畑中敦子×津田秀樹の「数的推理」勝者の解き方 敗者の落とし
穴』と、『公務員試験 畑中敦子×津田秀樹の「判断推理」勝者の解き方 敗者の落とし
穴』という2冊（ともにエクシア出版）が出ているので、そちらを参照して

もらいたい。

しかし、この手の問題が苦手な人のために、「条件をすべて図化するようにしたほうがいい」というちょっとしたアドバイスみたいなことだけはふれておくことにしよう（まあ、目新しいものではないし、ほとんどの人にとっては釈迦に説法だろうが）。

さて、この問題だが、こういう問題では問いのなかで言っていることを、**図や表でどうわかりやすく描くかがポイントになる**。頭のなかだけでは、なかなか要領よく素早く解くことはできない。

数学の問題なら未知数を x や y で表わして、問いの主旨を方程式で表わす。そうでない場合でもとにかく、もう問いを読みなおさなくてもいいように、問いの文で言われていることを視覚的に表わすことが大切だ。

そして、くれぐれも頭のなかに描こうとしてはいけない。**紙に実際に書くことが大切だ**。

人には、視覚的な説明のほうが理解しやすい人もいれば、文章で読むほうが理解しやすい人もいるが、たとえ文章で読むほうが理解しやすい人でも、論理の入り組んだものは、視覚的に表現したほうがいい。

この問題も、文で見るとややこしいようだが、表にしてみれば、なんのことはない。問題の見通しが立たなくても、とにかく視覚化してみることだ。

裏ワザのキモ！

文章題を、文章のまま理解しようとせず、視覚化しよう。

さて、**ABCDE**の5人がいて、2台の車に2人ずつ同乗し、あとの1人は休む。数日分の、片方のペアだけはわかっている。

他の者はどういうふうにしていたのか、という問題だ。

5人がそれぞれどうしていたのか視覚化するために、まず並べて書いてみる。

A B C D E

最初の日は**E**と**A**が同乗したのだから、**E**と**A**に印をつける。

Ⓐ B C D Ⓔ

この調子で同乗したペアにすべて印をつけると次のようになる。

Ⓐ B C D Ⓔ

A Ⓑ C Ⓓ E

A Ⓑ Ⓒ D E

Ⓐ Ⓑ C D E

Ⓐ Ⓑ C D E

最初の**E**と**A**が同乗した日、残るのは**BCD**だが、「**この間に同じ相手と2回以上同乗した者はいないことがわかっている**」。

他の日に**BD**と**BC**がある。だから、最初の日の**BCD**のうち同乗したのは、**BD**、**BC**の組み合わせではない。残る組み合わせは**CD**だけ。この組み合わせは他にない。だから、**E**と**A**が同乗した日にもう1台のトラックに同乗したのは、**CD**とわかる。となると、休んだのは**B**だ。

それを前の表に記入しよう。

Ⓐ　B　△C△△D△　Ⓔ

以下、同じようにやっていこう。

注意しなければならないのは、「**この間に同じ相手と２回以上同乗した者はいないことがわかっている**」のだから、先にわかった**CD**という組み合わせも、もうひとつあったりしてはいけないということだ。そうなると、組み合わせが限定されてくるから、自然、すべてが確定的にわかる。

次の**B**と**D**が同乗した日には、残るのは**ACE**だが、**AC**、**AE**の組み合わせは他にある。したがって、同乗したのは**CE**で、**A**が休み。

次の**B**と**C**が同乗した日には、残るのは**ADE**だが、**AE**の組み合わせは他にある。したがって、同乗したのは**AD**か**DE**のどちらかである。

次の**A**と**C**が同乗した日には、残るのは**BDE**だが、**BD**の組み合わせは他にある。したがって、同乗したのは**BE**か**DE**のどちらかである。

最後の**A**と**B**が同乗した日には、残るのは**CDE**だが、**CD**、**CE**の組み合わせは他にある。したがって、同乗したのは**DE**である。

これで先の２つの**DE**の可能性が消えたので、それぞれ**AD**、**BE**に確定する。

それぞれの選択肢の言っていることを、この図で確認してみると、正しいのは、**4**だけだ。**4**が正解。

過去問以外は択一式の練習にならない

　知識を身につけるためだけなら、参考書や問題集の例題や学校の模試など、過去問以外の類似問題も、もちろん有効だ。

　しかし、参考書や問題集の例題や学校の模試などには、選択肢のつくりが本物の公務員試験ほどよくできていないものが多い。勉強したことがちゃんと身についているかどうかを試すためだけのものだから、ストレートな問い方をしているものが多く、本物の公務員試験ほど熱心に正解を隠していないことが多いのだ。

　ストレートの球ばかり打つ練習をしていたら、相手チームのピッチャーは変化球投手だったというようなもので、勉強はちゃんと積んだし模試の成績はよかったのに、本番では勝手がちがって何か思うようにいかなかった、確信をもって正解を選べなかった、というようなことがあるのは、このせいだ。

　知識を身につけることも大切だが、公務員試験の選択肢のつくりに慣れておくことも、見逃されがちなことだが、非常に重要なことである。実際、ただ過去問を１問ずつ解いていって、どうして自分がその間違った選択肢を選んでしまったのか、正解はどういうものだったのか、それを見ていくだけでも、どんどん正解率は上がっていくくらいなのである。同じ時間を勉強するよりも、はるかに得点力はつく。

　もちろん、参考書や問題集の例題や学校の模試などにも、本物同様の選択肢のつくりにちゃんとしてある、いいものもあるだろう。しかし、本物ならたしかだ。本番まで過去問を一度も解いてみていないなんてことは、少なくとも避けたほうがいい。

　裏ワザは正解が隠してあるからこそ使えるわけで、選択肢のつくりがちゃんとしていない参考書や問題集の例題や学校の模試などでは通用しないことがある。しかし、本物には通用するのでご安心を。だから、裏ワザの練習には、必ず公務員試験の過去問を使うようにしてもらいたい。

　なお、本書では、主として文章理解に有効な裏ワザを紹介してきた。とくに「要旨」「主旨」を問う問題には非常に有効だ。もちろん、文章理解以外の問題でも使えることがあるのは、見てきたとおりだ。

　裏ワザで、とれないはずの点までとろう！　健闘を祈ります。

ちょっとだけ練習

この章では…

もう残りのページ数はいくらもないが、
ここで最後にちょっとだけ練習問題。
これまでは裏ワザを1つずつ紹介してきたが、
今度は、複数の裏ワザを使って
1つの問題を解くということを、
いよいよやってみよう!

さ

て、ここまでは、裏ワザの説明を1つずつ個別にしてきた。

ここでは、それらの裏ワザを組み合わせて、今度は問題を1問ずつ解いていってみよう（17ページで述べたように、裏ワザは組み合わせて使うものである）。

紙幅が尽きたので、少しだけになってしまうが、あとは実際の公務員試験の過去問を使って練習してもらいたい。

なお、気づいているかどうかわからないが、じつはこれまでの裏ワザの説明のところで、同じ問題を何度も使うようにしている。つまり、それらの裏ワザを組み合わせると解けてしまっている問題もある。

過去問

次の文の内容と合致するものとして最も妥当なのはどれか。

（本文省略　英文）

✗1 古代ギリシャでは信じられなかった運命論が、中世にはヨーロッパ中で信じられるようになった。

✗2 カード占いや占星術などを多くの人が信じるのは、そこに何らかの真実があるからだといえる。

〇3 全く予知できないことを占い師が予知しようとするのは、あらゆる形態の占いの特性である。

✗4 コーヒー占いでは、コーヒーの飲み方により残りかすの状態が変わることをもとに、飲んだ人の性格を読みとろうとする。

✗5 かつて政治家は重要な決定をする前には必ず占い師を呼んだが、今日ではそういう政治家はいなくなった。

（国Ⅱ 教養）

1は、これだけ見た限りでは、〇✕はわからないので、保留。

　2は「カード占いや占星術など」に「**何らかの真実がある**」と言っている。そういう主張をする人はもちろんたくさんいるが、そういうオカルトなことを言っている文章が、公務員試験の本文に採用されることは、絶対にありえない。〝**良識的解答**〟で、確実に✕だ。

　それに比べて、**3**は妥当な内容だ。「**全く予知できないこと**」だからこそ、人はついつい占いを頼ってしまうのだ。きちんと予知できることなら、占いにおうかがいをたてたりしない。予知できないことがあるからこそ、人の弱い心は、占いを求めてしまうのだ。

　ただ、妥当な内容だから正解とは限らないので、保留。

　4は「**コーヒー占い**」のくわしい話をしていて、急に具体的だ。それは**1**〜**3**を読んできただけでも感じる。**5**もちょっと見てみると、たんに「**占い師**」となっていて、「〇〇占い」だけの説明にはなっていない。**4**だけ具体的ということだ。〝**具体的**〟で**4**は✕。

　5は、「**かつて政治家は重要な決定をする前には必ず占い師を呼んだ**」というのが、常識で考えておかしい。そういう困った政治家もたしかにいるが、そんなことは出題されない。「**必ず**」と強調しているところも✕肢の目印だ。〝**常識的解答**〟と〝**極端**〟のダブルで✕だ。

　これで残ったのは、**1**と**3**だ。

　選択肢を比べてみると、**2**〜**5**には「**占い**」がすべて出てきていて話題の中心となっているのに、**1**だけはそれが出てこない。

　〝**話題**〟で**1**はあきらかに✕だ。

　残った**3**が正解とわかる。もちろん、あっている。

　このレベルの問題は、笑いながら、すぐに正解できるようにしておきたい。これを間違えるようでは、もったいなさすぎる。

次の文の内容と合致するものとして最も妥当なのはどれか。

（本文省略）

"矛盾"
で✗
④

✗**1** 究極の「現実」を直接的に体験するためには、現実を、コーティングされた虚構に転換しようとする挑戦を続けていくしかない。

残った
のが
正解
⑤

○**2** 隠蔽されている〈現実〉とは、間接的に、歪んだ形でしか、それ自体として認識したり同定したりすることができないものである。

「X」
で✗
②

✗**3** 「X」への対処法がその効力を発揮するのは、現実への逃避と極端な虚構化という、一見、矛盾した二つのベクトルが互いに同じ方向を指し示すときである。

"話題"
で✗
①

✗**4** ある条件で赤く見え、また別の条件で青く見える対象を「青くかつ赤い」と認識することが不可能であるように、矛盾を矛盾として受け入れることは困難である。

"添加"
で✗
③

✗**5** 「不可能なもの」とは、激しく暴力的で、地獄のような「現実」への欲望が、いたるところで噴出した結果、それが認識や実践として直接的に立ち現れたものである。

（国税・労基・法務教官 教養）

じつは、どの選択肢も、表面的には本文と合致している。

たとえば、**1**の「**究極の『現実』を直接的に体験するためには、現実を、コーティングされた虚構に転換しようとする挑戦を続けていくしかない**」は、本文に「**究極の『現実』**」「**直接に体験**」「**現実を、コーティングされた虚構のようなものに転換しようとする執拗な挑戦がある**」という箇所がある。

他の選択肢も同様だ。どれも本文に同じような箇所がある。

つまり、選択肢と本文の合致を表面的に確認してみても、どれも正解らしく見えるだけで、決め手がない。それどころか、どれも正解に見えるために、かえって混乱してしまう。

そこに択一式の問題の難しさがある。

しかし、裏ワザなら、選択肢を表面的に見るだけで正解がわかる。

そこに裏ワザの簡単さがある。

この問題を例に、これまで紹介しなかった裏ワザについて、少しだけ解説しておこう。

① まず**1**、**2**、**3**、**5**では「**現実**」を話題にしているのに対して、**4**だけ出てこない。「**話題**」で✖だ。これはすでに紹介した裏ワザ。

② 次に、**3**に注目してみてほしい。「**X**」というのが出てくるが、何のことなのかわからない。もちろん、本文を見ればすぐにわかるが、その選択肢だけ見て、意味がわからない選択肢は✖なのだ。これは「**その選択肢だけ**」という裏ワザの考え方。

　　3つ以上の選択肢に「**X**」が出てくればまだしも、ひとつだけしか出てこないのだから、間違いなく✖だ。

③ 次に**5**。「**激しく暴力的で、地獄のような**」「**いたるところで噴出した**」と表現が激しい。激しい表現は人をひきつける。添加物で食品を色づけしてお客をひきつけるようなものだ。気をひくような表現が添加してある選択肢は✖。これは「**添加表現**」という裏ワザ。「**激しく暴力的で、地獄のような**」「**いたるところで噴出した**」は本文にもそのままあるが、それでも✖だ。目立つところをわざとひっぱってきているわけだ。

④ そして**1**。「**直接的に体験する**」ために「**コーティング**」されたものにするというのは、矛盾している。「**矛盾**」で✖だ。本文のあちこちをつぎはぎして✖肢をつくるため、こういう矛盾がしばしば起きる。「深い意味があるのかも」などと深読みしてはいけない。

⑤ 残る**2**が正解とわかる。本文の「**大きく歪んだ形**」が、正解の選択肢では「**大きく**」をとって、ただの「**歪んだ形**」という大人しい表現に抑えてある。✖肢の**5**とはぜんぜんちがうのがわかるだろう。

同和問題に関する次の記述のうち、誤っているものはどれか。

1 同和問題は憲法が保障する基本的人権の侵害に係る深刻かつ重大な問題である。

2 同和問題の解決に向けた今後の主要な課題は、<u>依然として存在している差別意識</u>の解消、人権侵害による被害者の救済等の対応、教育、就労、産業等の面で<u>なお存在している格差</u>の是正、差別意識を生む新たな要因を克服するための施策の適正化であると考えられる。

3 府民の同和問題に対する基本理解や認識は深まり、人権意識は全体として高まってきている。しかし結婚問題を中心に<u>差別意識は根強く残っている</u>と考えられる。

O4 明治4年に公布された太政官布告により同和地区住民は制度上の身分差別から解放され、その後日本国憲法のもとで基本的人権が保障され、民主主義が進展した<u>現在では同和問題は完全に解消された</u>。

5 昭和44年に同和対策事業特別措置法が制定され四半世紀にわたって特別対策が総合的に実施された結果、生活環境面などの物的な基盤整備が急速に進展するなど大きな成果をあげたが、<u>心理的差別の解決の面では大きな課題が残っている</u>。

（地上 教養）

まず、問いの文を見る。「**誤っているものはどれか**」という問い。

これを見逃すと大変だ。先に述べたように、「**誤っているものはどれか**」では、〝**対立・共立**〟だ。

そのつもりで選択肢を見ていってみよう。

2に「**依然として存在している差別意識**」「**なお存在している格差**」、**3**に「**差別意識は根強く残っている**」、**5**に「**心理的差別の解決の面では大きな課題が残っている**」とあり、まだ差別が残っているという点で共立している。

これに対して、**4**には「**同和問題は完全に解消された**」とあり、**2**、**3**、**5**と対立している。

誤っている選択肢は１つだから、もし**4**が正しいとすると、**2**、**3**、**5**のうちの少なくとも２つと同時に正しいことになる。

しかし、内容が対立しているのだから、それはありえない。

つまり、**4**は誤っているということである。

なお、だいたいが、「**現在では同和問題は完全に解消された**」のなら、そもそも問われることはないわけで（問われるのは、現在も話題にしなければならないことである）、「だったら問わない」という観点からも、**4**は誤り。つまり、この問いでは正解である。

次の文の要旨として妥当なものはどれか。

（本文省略　英文）

✕ 1 作家の真の価値は彼を理解する 少数の支持者 が存在するかどうか にかかっており、多くの人に人気があるからといって一流とはいえ ない。

〇 2 一流の作家が評価されその名をとどめるのは、 少数の賛美者 が熱 心に支持しつづけるおかげである。

3 真に一流の作家は、 少数の熱心な賛美者 だけでなく多くの人に よって理解され支持されるものである。

✕ 4 一流の作家は少数の真の理解者に支持されるのに対し、 二流の作 家 はむしろ多くの人に好まれ支持される。

✕ 5 真に一流の作家は初めは誰にも認められないとしても、時代を経 るといずれは多くの人の高い評価を受けるものである。　（地上 教養）

1の「**作家の真の価値**」は「**支持者が存在するかどうかにかかっており**」 というのは〝**良識的解答**〟で✕。

あとの選択肢は問題ないが、**3**、**4**、**5**はいかにもだし、平凡な内容で〝**正 論**〟くさい。

「**少数の賛美者**」という重要そうな話題が唯一出てこない**5**は✕。

1、**2**、**4**は、一流の作家には少数の支持者がいる、という点で共通して いる。そのなかで、**1**は先に述べたとおりだが、「**作家の価値**」というのを「**作 家の評価**」に変えると、前半は**2**とまったく同じになる。**4**は、ただひとつ だけ「**二流の作家**」の話が出てきて、〝**話題**〟で✕だが、やはり前半は**2**に 近い。

ちょっとこった内容で、択一式の正解らしさもあり、これは〝**絡み合い**〟 で**2**が正解だ。

次の文章は、日本の企業が管理職クラスの能力開発に力を入れている
という調査結果を受けての問答である。この問答を前提に、日本の企業
の教育システム固有のメリットとして妥当なものはどれか。

（本文省略　英文）

✗1　現場の指揮官であり、企画立案の中心的存在である管理者層に優
秀な人材を登用しうること。

✗2　日本の雇用制度の特徴である終身雇用制は、年功序列制の弊害を
一定程度防止しうること。

◯3　従業員が解雇などの心配なしに部下や後輩を育成できること。

✗4　重要なポストに即戦力となる人員を即座に配置しうること。

5　社内の教育に関してコストがかからないこと。　　　（国Ⅰ　教養）

まず、問いの文を見る。

　問いの文がまったく重要じゃないことも多い。いつもどおりの定型である
ことが多い。しかし、どういう問いであるかをしっかり認識することは、解
くうえでとても大切なことだ。間違った方向にいくら進んでも、正解にはた
どりつけないし、大変な労力のムダだ。的を定めれば、それだけで選択肢を
絞り込めることも少なくない。

　この問題もそうだ。問いの文は、**「次の文章は、日本の企業が管理職クラ
スの能力開発に力を入れているという調査結果を受けての問答である。この
問答を前提に、日本の企業の教育システム固有のメリットとして妥当なもの
はどれか」**となっている。

「日本の企業の教育システム固有のメリット」が問われているわけだから、
当然、それを述べている選択肢のうちに正解があることになる。

ところが、である。選択肢を見てもらいたい。

1 「**現場の指揮官であり、企画立案の中心的存在である管理者層に優秀な人材を登用しうること**」は、雇用のシステムの問題であり、教育システムの問題ではないだろう。

2 「**日本の雇用制度の特徴である終身雇用制は、年功序列制の弊害を一定程度防止しうること**」も、終身雇用制や年功序列制について述べているだけで、教育システムについて述べられていない。

3 「**従業員が解雇などの心配なしに部下や後輩を育成できること**」で、ようやく「**部下や後輩を育成**」という教育に関係した話が出てくる。

4 「**重要なポストに即戦力となる人員を即座に配置しうること**」も、教育システムとは直接関係ない。別の話だ。

5 「**社内の教育に関してコストがかからないこと**」は、これは教育システムに関係した話題だ。

というわけで、**問いの文をちゃんと読んで、その対応を見るだけで、選択肢は２つにまで絞れてしまうのである。**

こういうことは、この問題だけがたまたま特別に間が抜けているというわけではなく、非常にしばしばある。だからこそ、問いの文は、まず初めに、よく注意して読まなければならないのである。

どうしても選択肢のほうに気がいくから、問いの文を軽視しがちだが、**通常軽視しがちなものほど、逆に大いにヒントになることがあるので、決して軽視してはならない。**

さて、問題に戻るが、絞り込んだ選択肢のどちらが正解なのか？

3 なのか、**5** なのか。

5 のほうがズバリという感じではあるが、それはそれでアヤシイといえる。本文の読解ができていないのに正解に思えるということはそれだけマイナスなのだから。

問われているのは「**日本の企業の教育システム固有のメリット**」である。「**日本の企業**」「**固有の**」というのだから、そういう答えでなければならない。つまり、欧米ではそういうことはなく、日本だけにある、ということでなければならない。

　5の「**社内の教育に関してコストがかからないこと**」は、日本の企業固有のメリットだろうか？　**3**に「**部下や後輩を育成できる**」とあるから、なんとなくそのイメージがあって、日本の企業では社内で上の者が下の者を教育するから、特別なコストがかからないし、欧米ではそういうことはあまりないだろう、と思うかもしれないが、日本だって外部の専門の会社に委託して社員教育をしたりするし、欧米は最初から能力のある人間を雇うことが多いから、社内教育にはコストがかからないともいえる。

　そういうことは別にしても、この本の最初のほうで述べたように、２つにまで絞り込んだら、その２つだけを見るのではなく、他の✖とわかっている選択肢と比較することだ。そうすれば正解がわかる。

　他の選択肢と、より共通性をもっているほうが正解だ。

　5には他の選択肢と共通性はない。

　3の「**従業員が解雇などの心配なしに**」というのは、**2**に出てくる「**終身雇用制**」と明らかに共通性がある。

　2のような明らかな✖肢と共通性をもつことは大プラスである。

　終身雇用制は、**2**で述べられているように「**日本の雇用制度の特徴である**」から、その終身雇用制によって「**従業員が解雇などの心配なしに部下や後輩を育成できること**」は、「**日本の企業の教育システム固有のメリット**」といえるだろう。問われていることとの対応もいい。

　これは**3**が正解と思って間違いないだろう。

　もちろん、あっている。

　長たらしい英文をまったく読まなくても、正解できるのである。

次の文章で述べられていることとして、最も妥当なのはどれか。

（本文省略）

✗1 　近代ヒューマニズムは、産業主義と結びつきつつ、<u>科学技術の進歩に応じ、人間の主体性を機械に服従させることなく拡大させてき</u>たが、人間の主体性を拡大するあまり、人間が生きるための環境を破壊するという矛盾を犯してきた。

✗2 　ポスト・ヒューマニズムは、人間の主体性を拡大させるか機械に服従させるかは利便性を比較して決めるものと捉え、<u>機械使用は、その利便性が大きい場合、環境破壊につながるとしても人間否定に導くものではない</u>と考える。

○3 　「機械の人為選択」に関しては、現時点での選択の分類表を作成することは意味がないが、人為選択の基準の一般的な原則を基にして、選択の範囲と種類の拡大を決断すればよい。

✗4 　<u>産業革命まで変化のなかった西欧の古代の文化や生活様式</u>は、産業革命以後に大きく変化してしまったが、近年、環境破壊を少なくする観点から再評価されてきており、<u>今後、ますます広まることがあり得る。</u>

✗5 　社会の変化が、現代になって無政府主義的な科学技術の展開により方向が定まらないと危惧され、「機械の人為選択」により一定方向に転換できるという考えは、<u>現実的には不可能なユートピアであり、事実に反する幻影にすぎない。</u>

（東京都IB教養）

まず選択肢をひとつずつざっと見ていこう。

1には「**人間の主体性を機械に服従させることなく**」とある。人間のほうが機械に服従させられることは、現代ではよくあることだ。ベルトコンベアーの速度に合わせて人が作業したり。〝**常識**〟で✘とわかる。

2には「**環境破壊につながるとしても人間否定に導くものではない**」とある。環境が破壊されれば、それは当然、人間否定にもなる。人は生きていけなくなるのだから。これも〝**常識**〟で✘。

3はとくに気になるところはないので保留。

4は産業革命以前の「**古代の文化や生活様式**」が「**今後、ますます広まることがあり得る**」とあるが、いくら今の生活に問題があるとしても、産業革命以前の不便な生活に戻れるはずもない。これも〝**常識**〟で✘だ。

5は「**現実的には不可能なユートピアであり、事実に反する幻影にすぎない**」と、激しく否定をしている。否定するだけの内容は正解にならない。〝**否定**〟で✘だ。

というわけで、ざっと選択肢をながめていった段階で、すでに**3**しか残らない。

3が正解だ。

これくらいはさっと簡単に選べるようになりたい。

次の文章の内容と一致するものとして、最も妥当なのはどれか。

（本文省略）

✗1 両耳、両手などを区別するために「右」「左」という言葉を使うときには、<u>常に</u>自分の身体枠にもとづいて左右を判断する習慣が身についている必要がある。

✗2 <u>わたくしの「右耳」</u>とは、自分の身体枠により判断した「右」のほうにある耳のことだが、患者として医師と向きあっている際には、医師の身体枠にもとづいて<u>「左耳」</u>というべきである。

○3 鏡にうつった姿に対しても、自動的に鏡像の視点と一致する仮想枠をもとにして手足の左右を判断するので、その結果、「左右が逆になっている」と感じることになる。

✗4 自分の手足をさすときには自分の身体枠を使い、他人の手足をさすときにはそのひとの身体枠を使うということを、<u>おとなになっても実行していないひとが大多数である。</u>

✗5 「右」や「左」をどの座標系にもとづいて判断するかは、<u>地域や文化によって異なる</u>ので、その地域の社会的慣習をしっかりと学習しておかなければならない。

（警察官Ⅰ　教養）

「**右**」「**左**」という話はただでさえややこしいし、「**身体枠**」なんて言葉も出てくるので、なんだか難しそうな感じがして、腰がひけてしまうかもしれない。

でも、実際には、じつにくだらない選択肢ばかりである。

そういうふうに、上から目線で、バカにして選択肢を見下ろすくらいの気持ちが大切。

緊張して、「テスト様」とあがめたてまつってしまうと、簡単に解けるものも、難問になってしまう。

1は、左右を言うときは、自分の身体を基本に言うということで、もっともな内容だが、「**常に**」というのが加えてある。

〝**極端**〟で✘だ。

「**常に**」とすると、たいていのことは✘になる。この場合も、人の左右を言うときには、相手の身体を基本に言うわけで、「**常に**」自分の身体が基本ではない。

　2は笑ってしまう内容だ。右耳が悪いのに、医師に「**左耳**」と言う人はいない。〝**常識**〟で✘。

　3はとくに問題はないので保留。

　4も笑える。自分の手足の左右は、自分にとっての左右で言うし、他人の手足の左右は、相手にとっての左右で言うはずだ。それができない「**おとな**」が「**大多数**」のはずがない。

これも〝**常識**〟で✘。

　5も面白い。日本の右は、別の国では左になるとか、そんなこと聞いたことがない。笑って、〝**常識**〟で✘にしよう。

　というわけで、一見、難しそうに見えるが、実際にはかなり楽しませてくれる問題だ。

　どう見ても**1**、**2**、**4**、**5**は✘で、**3**しか残らない。**3**が正解だ。

次の文の内容と合致するものとして最も妥当なのはどれか。

（本文省略）

1 脳は「知る」ための臓器であり背中のことを知っているので、背中への神経が切られたとしても、脳の中で背中は「幻背中」として生き残っている。

2 われわれが背中そのものを知っているのは言語のお蔭であり、言語によって脳の様々な機能が作り出されている。

3 デカルトが述べた「我思う、故に我あり」は、背中がカユイ時に背中のことを知っているということを意味し、「私は脳であり、脳は存在する」と言い換えることができる。

○**4** ソクラテスが「汝、自らを知れ」と言ったことは、解剖学的、神経生理学的に脳が知られる以前から、脳が脳のことを知っていたことを示している。

✕**5** 哲学史は、歴史上の人物の発言を当時の文脈にひき直して理解する学問であるが、解剖学は、人間の身体地図の変化を追求する学問である。

（国税・労基・法務教官 基礎能力）

「脳」がたくさん出てくる。でも、**5**だけない。〝話題〟で✕。

その**5**に出てくる「**解剖学**」というのが、**4**だけ出てくる。

〝絡み合い〟で、正解は**4**とわかる。もちろん、あっている！

MEMO

読者の質問に答える

　ここでは、読者のみなさんからハガキや封書やメールで寄せられた質問に答えたいと思う。

　今まででいちばん多かったのが、「**公務員試験の出題者がこの本を見て、裏ワザで解けない問題を作るのではないか?**」という、質問というか、心配だ。

　これまでの説明と重複するが、あらためて説明しておくことにしよう。

　まず、結論から先に言えば、**そういう心配はない。安心して大丈夫だ。**

　裏ワザは、出題者の「隠しのテクニック」に基づいている。「隠しのテクニック」は、選択肢式の問題では使わざるを得ないものだ。というのも、使わないと、あいまいな知識しかない受験者まで正解してしまいやすいからだ。このことについては、PROLOGUE で説明した。また、具体的にどのように選択肢が作られるかは、ぜひ「絡み合い」(174 ページ)の解説をよく読んでみてほしい。「隠しのテクニック」は、決して恣意的に用いられているわけではなく、どうしても使わざるを得ないから使われているわけだ。

　だから、出題者としては、その使用を変化させたり、やめたりするわけにはいかない。

　つまり、「隠しのテクニック」に基づいている裏ワザも、つねに通用するということである。

　もちろん、裏ワザが通用しないような選択肢を作ることは簡単だ。だからこそ、心配になるのだろう。しかし、そういうことをすると、今度は、正攻法で解く受験者に対して問題のある選択肢になってしまうのだ。出題者がそんな失態をおかすはずもない。

　というわけで、裏ワザはずっと同じように通用すると思ってもらって大丈夫なのだ。心配は無用である。

　じっさい、本書の初版が出てから 22 年も経つし、これだけ好評を博していれば、出題者も承知している可能性が高いが、それでも問題の基本的なつくりにはまったく変化がない。ここ 22 年の間だけでも、公務員試験にはじつにさまざまな変化があったが、裏ワザで解けることに関してはまったくかわりない。

　安心して裏ワザを使ってもらいたい。

津田 秀樹 （つだ・ひでき）

　筑波大学卒業。高校在学中に考案した、大学入試問題を解く裏ワザを、大学在学中に出版。学力をつけるための参考書しかなかった当時、まったく新しいタイプの受験参考書として、受験界に衝撃を与え、ひとつの新しい流れを生み出した。さまざまなテストの裏側までも知りつくす、テストのエキスパート。

　本書以外の公務員試験の対策本に『畑中敦子×津田秀樹の「数的推理」勝者の解き方　敗者の落とし穴』『畑中敦子×津田秀樹の「判断推理」勝者の解き方　敗者の落とし穴』（小社刊）がある。

　その他の試験対策本として、『センター試験㊙裏ワザ大全〔国語〕』『センター試験㊙裏ワザ大全〔英語〕』、『【大卒程度】警察官・消防官採用試験㊙攻略法』（いずれも洋泉社）などがある。

　その他の主な著書に、『人生のサンタク　迷いがなくなる心理学』（PHP研究所）、『ジーパンをはく中年は幸せになれない』（アスキー新書）、『心理サプリ　本物の心理テストまんが編』（秋田書店）、『精神科医や心理カウンセラーも使っている　傷つかない＆傷つけない会話術』（マガジンハウス）などがある。

　携帯各社の公式サイト「本物の心理テスト」も主宰している。スマートフォン版もある（http://honshin.jp）。

本書についてのご感想およびご意見をお寄せください。

urawazataizen@hotmail.com

（合格の嬉しいお便りもお待ちしております。改訂版の本書の帯に都道府県別・イニシャル入り〈実際とは変える〉で紹介する場合があります）

新版 公務員試験㊙裏ワザ大全
【国家総合職・一般職 / 地方上級・中級用】

2020年9月26日初版発行

著者	津田秀樹Ⓒ
発行人	畑中敦子
発行所	株式会社エクシア出版
	〒101-0031　東京都千代田区東神田2-10-9
印刷・製本所	サンケイ総合印刷株式会社
DTP作成	横田良子
装幀	岩橋直人

乱丁・落丁本はお取替え致します。小社宛にご連絡ください。
ISBN 978-4-908804-56-4　Printed in JAPAN
エクシア出版ホームページ　https://exia-pub.co.jp/
　　　Eメールアドレス　info@exia-pub.co.jp

「数的処理」でまず最初に読むべき本!

公務員試験

数的処理のカリスマ　　テスト分析のカリスマ
畑中敦子×津田秀樹の
「数的推理」「判断推理」

勝者の解き方
敗者の落とし穴

畑中敦子・津田秀樹 著

■A5判
■定価：本体1600円＋税

エクシア出版　https://exia-pub.co.jp/